UNIVERSITÉ DE FRANCE.

ACADÉMIE DE STRASBOURG.

DES ACTIONS FICTICES EN DROIT ROMAIN.

DE LA CESSION DE CRÉANCES

D'APRÈS LE DROIT ANCIEN ET D'APRÈS LE DROIT MODERNE.

THÈSE POUR LE DOCTORAT,

PRÉSENTÉE

A LA FACULTÉ DE DROIT DE STRASBOURG,

ET SOUTENUE PUBLIQUEMENT

le mercredi 19 mai 1869, à midi,

PAR

OSCAR DALMBERT,

AVOCAT, RÉDACTEUR AU BUREAU DES AFFAIRES CRIMINELLES AU MINISTÈRE DE LA JUSTICE,
LAURÉAT DU CONCOURS ACADÉMIQUE DIT DES MÉDAILLES D'OR.

STRASBOURG.

TYPOGRAPHIE DE E.-P. LE ROUX, RUE DES HALLEBARDES, 34.

1869.

A LA MÉMOIRE DE MA MÈRE.

A MON PÈRE.

OSCAR DALMBERT.

A MESSIEURS AUBRY,

DOYEN DE LA FACULTÉ DE DROIT DE STRASBOURG;

MUGNIER ET LEDERLIN,

PROFESSEURS DE LADITE FACULTÉ,

ET

WELLHOF,

Juge au Tribunal civil,

Hommage de respect et de reconnaissance.

OSCAR DALMBERT.

FACULTÉ DE DROIT DE STRASBOURG.

Professeurs.

MM. AUBRY O ✻ doyen.... Droit civil.
HEIMBURGER .... Droit romain.
N. .... Droit commercial.
RAU ✻ .... Droit civil.
LAMACHE ✻ .... Droit administratif.
DESTRAIS .... Procédure civile et législation criminelle.
MUGNIER .... Droit civil.
LEDERLIN .... Droit romain.

Agrégés.

MM. LECOURTOIS.
LANUSSE.

M. BÉCOURT, officier de l'Université, secrétaire, agent comptable.

Examinateurs de la Thèse.

MM. RAU, président.
LAMACHE.
DESTRAIS.
LEDERLIN.
LECOURTOIS.

La Faculté n'entend ni approuver ni désapprouver les opinions particulières au candidat.

DROIT ROMAIN.

DES ACTIONS FICTICES

« Juris præcepta sunt hæc : *honeste vivere, neminem lædere, suum cuique tribuere.* » (*Just. Inst.*, lib. 1, t. 1, § 3.)

INTRODUCTION.

Le principe de la séparation des pouvoirs, base fondamentale de notre droit social moderne, était inconnu à Rome. A l'origine, l'autorité judiciaire y était exercée par les rois. Plus tard, elle fut transférée aux consuls, qui la conservèrent jusqu'à l'an 389, époque à laquelle on créa une magistrature spéciale, chargée exclusivement de l'administration de la justice. Le magistrat auquel on la confia s'appelait le préteur (*prætor urbanus*. L. 2, § 27 ff.; *de orig. jur.*, 1, 2). Mais comme celui-ci n'était compétent que lorsque les parties en contestation étaient toutes deux citoyens romains, on créa bientôt un second préteur pour juger les procès entre étrangers. Ce nouveau préteur portait le nom de *prætor peregrinus* (l. 2, § 28 ff., *loc. cit.*).

Le préteur n'était pas seulement investi de l'autorité judiciaire; il ne ressemblait en rien à nos magistrats actuels, qui, nobles esclaves du droit, n'ont d'autre mission que d'interpréter la loi. Non!!! Le préteur pouvait modifier le droit civil, suppléer à ses lacunes, en corriger la sévérité : «Jus prætorium est quod prætores introduxerunt adjuvandi, «vel supplendi, vel corrigendi juris civilis gratia, «propter utilitatem publicam» (L. 7, § 1 ff., *de just. et jur.*, 1, 1). Aussi, avant d'entrer en fonctions, chaque préteur faisait-il afficher un *edictum*, c'est-à-dire un exposé de principes qu'il se proposait de prendre pour guide pendant l'année de sa gestion. Et comme le nouveau préteur, qui remplaçait l'ancien, conservait l'édit de son prédécesseur, soit en entier, soit au moins en partie, suivant que l'expérience et la pratique avaient sanctionné les doctrines nouvelles qui y étaient contenues, les édits devinrent une des principales sources du droit romain (*Inst. Just.*, § VII, l. I, t. I, et Gai. I, § 6).

Organe vivant du droit civil, qu'il était non seulement chargé d'interpréter, mais qu'il pouvait encore modifier et même corriger, selon les besoins du temps et de l'équité, le préteur s'attaquait au droit civil non pas directement, mais par des subterfuges; et c'est là ce qui distingue le droit civil proprement dit du droit prétorien. Chaque droit reconnu par le *jus civile* est sanctionné directement par une action; toutes les fois que d'après le *jus civile*, un droit était éteint, l'action qui y était attachée, était éteinte également. Lorsqu'au contraire, le préteur créait à son tour un droit, soit pour suppléer au *jus civile*, soit pour corriger ce que celui-ci avait de trop rigoureux, ou qu'il voulut empêcher dans le même but l'exercice d'une action, il avait recours à des expédients. Le préteur n'était pas, en effet, à proprement parler, investi du pouvoir législatif; il n'avait pas la mission d'abroger le droit civil et de lui substituer des lois nouvelles. Non! A côté du *jus prætorium*, droit plus doux, plus équitable, plus conforme aux mœurs du temps, le *jus civile* restait toujours en vigueur; et ce n'est qu'au moyen de subterfuges que le *jus prætorium* fut appliqué : Ces subterfuges ou expédients étaient les *exceptiones*, la *præscriptio longi temporis*, les actions *in factum*, et les actions *fictices*.

Nous nous sommes proposé de suivre le préteur dans la voie du progrès qu'il s'était tracée; et, pour arriver à ce but, nous avons de préférence choisi les actions fictices, parce que c'est par elles qu'il faisait reconnaître en justice presque tous les droits qui sont d'origine prétorienne.

Nous croyons nécessaire, pour l'intelligence de notre sujet, de donner des notions sur la procédure romaine; aussi allons-nous consacrer le premier chapitre de notre travail à l'examen rapide des principes qui la régissaient.

CHAPITRE I.

DES FORMES DE LA PROCÉDURE ROMAINE.

Nous rencontrons dans l'histoire de Rome trois systèmes de procédure qui se sont succédé : la

Legis Actio. la *Formula*, le *Judicium extraordinarium*.

Nous diviserons ce chapitre en deux sections; dans une première section, nous parlerons de la L' A°, dans la seconde section de la F', quant au J^m *extraordinarium*, nous ne nous en occuperons pas, vu qu'il n'a aucune importance pour le sujet que nous allons traiter.

SECTION I.

Des Legis Actiones.

Le caractère essentiel de la procédure des L' A' était de se passer *in jure*. Elle consistait dans des rites solennels employés par le magistrat et les parties de la manière la plus rigoureuse. La moindre erreur dans les paroles pouvait avoir pour résultat de faire perdre le procès à celui qui l'avait commise (Gai. IV, § 2).

L'ensemble des formalités qui devaient être employées *in jure* se nommait L' A°. Il y avait cinq L' A'; *L'A° Sacramenti*, la *Judicis postulatio*, la *Condictio*, la *Manus Injectio*, la *Pignoris Capio*.

Lorsque les parties avaient accompli les solennités de la L' A°, on nommait un juge, et l'instance *in jure* se terminait par la *litis contestatio*, consistant dans l'attestation faite par des témoins que le procès est lié.

L'A° S^i était la forme de procéder la plus ancienne et la plus générale; elle s'appliquait aux droits réels et aux droits personnels. Mais plus tard furent introduites deux nouvelles L' A'; la première, la J'

P° s'appliquait quand il s'agissait de poursuites de toutes obligations autres que celles de donner des *res certas* (L. 43 et 52 ff., *famil. ercisc.*, 10, 2; et L. 23, § 2 ff., *de aqu. et pluv.*, 3, 3); la seconde l'A° *per* C^m^, postérieure à la J^s^ P°, quand il s'agissait d'obligations de donner des choses certaines. C'est la loi Silia (an de Rome 510, à peu près) qui introduisit la C° pour les obligations de donner *certam pecuniam*. La loi Calpurnia (par conjecture, an de Rome 520) étendit cette L^s^ A° aux obligations *omnis rei certæ*. Ainsi, sous l'empire de la loi Calpurnia, l'A° S^t^ n'était plus destinée qu'aux réclamations d'état, de propriété quiritaire et de succession.

La L^s^ A°, et c'est de là probablement que provenait son nom (Gai. IV, § 11), découlait directement de la loi, et ne pouvait servir qu'entre citoyens romains.

Nous ne nous arrêterons pas plus longtemps à ce système de procédure, se rattachant au berceau de Rome et approprié seulement au droit civil romain. Nous avons hâte de passer à la procédure formulaire, sous l'empire de laquelle furent introduites les innovations prétoriennes que nous voulons étudier.

SECTION II.

De la procédure formulaire.

§ I. *Généralités.*

La procédure formulaire remplaça celle des L^s^ A^s^, qui présentait de très-graves inconvénients (Gai. 30, IV). La loi Æbutia (6e siècle de Rome) et les deux lois Julia l'abolirent (8e siècle).

Sous la procédure formulaire, il y a encore deux instances, l'instance *in jure*, et celle *in judicio*. Devant le magistrat les parties exposent leurs droits, mais, tandis que, sous la procédure des L' A', on accomplissait simplement des solennités, dans la procédure formulaire *in jure*, on expose le droit, on le discute, et, à la suite de cette discussion, le magistrat donne un petit programme *(formula)* résumant les débats, et approprié à la contestation. Dans la formule, le magistrat insérait d'abord la nomination du juge, *L. Titius judex esto*. Puis il indiquait la mission accordée à ce dernier; ses pouvoirs, c'est-à-dire quels étaient les points sur lesquels la contestation devait porter; enfin le droit de condamner ou d'absoudre.

§ II. *De l'origine de la procédure formulaire.*

L'origine de la procédure formulaire se trouve dans les procès entre pérégrins, citoyens romains et pérégrins, et c'est le *prætor peregrinus* qui en a été l'auteur[1]. La L' A° étant réservée aux seuls citoyens, il ne pouvait être question ici de la procédure des L' A'; et puisque, d'autre part, les *peregrini* n'avaient pas le *commercium juris civilis*, le droit civil et ses conséquences diverses soit pour la propriété, soit pour les obligations ou tous autres points, ne pouvait recevoir application. Le préteur avait donc à créer et la procédure et le droit lui-même, et c'est ce qu'il fit en délivrant aux parties qui avaient comparu devant lui une espèce d'ins-

[1] Le *prætor peregrinus* fut institué peu de temps avant les lois Silia et Calpurnia.

truction écrite, appelée *Formula*, dans laquelle il indiquait aux juges *(Recuperatores*[1]*)* la décision qu'ils auraient à prononcer après l'examen des faits soumis à leur appréciation. Cette décision ne se traduisait d'ailleurs ni en une reconnaissance de droit réel, ni en celle d'un droit personnel, mais en une condamnation pécuniaire, qui était l'équivalent du droit réclamé par l'un des plaideurs.

P. Ex. : Aulus Agérius prétend avoir déposé une table d'argent chez Numérius Négidius, que celui-ci ne veut restituer. Numérius Négidius n'est nullement obligé à cette restitution d'après le droit civil. Le préteur accorde alors à A^{s} A^{s} la F^{a} suivante :

«R^{s} S^{o}. Si paret A^{m} A^{m} apud N^{m} N^{m}
«mensam argenteam deposuisse
«eamque dolo malo N^{ii} N^{ii} A^{o} A^{o} red-
«ditam non esse,
«Quanti ea res erit, tantam pecu-
«niam R^{s} N^{m} N^{m} A^{o} A^{o} condemnate;
«si non paret, absolvite.»

Cette formule était appelée F^{a} *in factum concepta*. Le préteur donnait au juge la mission de rechercher si tel fait existe, et à ce fait il rattachait telle conséquence juridique, abstraction faite de toute question de droit.

[1] L'*unus judex*, pris dans l'*ordo senatorius*, ne pouvant juger les différends entre pérégrins et citoyens romains, on institua le tribunal des *recuperatores*, composé de Romains et d'étrangers.

En présence de cette procédure si simple, si flexible, imaginée pour les procès entre pérégrins et citoyens romains, celle des L^{s} A^{s} devait bientôt tomber en désuétude (Gai. IV, 30); c'est ce qui arriva en effet. Les citoyens préférèrent demander la *formula* même pour les procès entre eux. Mais le prêteur, en leur délivrant la formule, ne donnait pas alors mission au juge d'examiner si tel droit réel ou personnel réclamé existait au profit du demandeur. Non! A l'origine, la *sponsio* et la *restipulatio*, qui avaient remplacé le S^{m} dans la C^{o}, étaient conservées. Le demandeur stipulait *in jure* du défendeur la somme de 1000, par ex., si sa demande étoit fondée; et par une *restipulatio* le défendeur stipulait du demandeur la somme de 1000, si la demande n'était pas fondée. On formait ainsi entre les parties une obligation conditionnelle dont l'existence dépendait du fondement ou du non fondement du droit réclamé par l'une des parties. La F^{a} va être donnée; mais elle sera toujours *in personam;* car le juge aura à examiner si la somme stipulée en vertu de la *sponsio* est due. D'où il suit que l'existence ou la non existence du droit réclamé se trouvait proclamée en justice indirectement[1].

On imagina plus tard la formule directe, dans la-

[1] Voyez Gai. IV, 13, 171, 162 et suivants. La procédure *per sponsionem* était, à l'origine, tantôt obligatoire, tantôt facultative pour les parties. Si le droit réclamé était un *jus in re*, la *sponsio* était toujours préjudicielle, comminatoire; de plus, il n'y avait jamais de promesse réciproque.

quelle on invoquait un droit réel ou personnel sans *sponsio*, ni *restipulatio*.

La loi Æbutia et les deux lois Julia ne firent que consacrer législativement une procédure que la pratique avait déjà consacrée[1].

§ III. *De la formule.*

Nous sommes arrivé au point où le préteur donne par la formule directement pouvoir au juge d'examiner si tel droit réclamé est ou non fondé. Nous avons maintenant à nous demander dans quels cas, en principe, le préteur accordait la formule (*Actio*), et comment, le cas échéant, cette formule était rédigée.

Le magistrat, après avoir entendu les réclamations des parties, n'accordait l'*Actio* que si le *jus civile* avait sanctionné la demande. Ici la question à poser au juge n'était pas une question de fait, à laquelle le préteur attachait une décision en vertu de son *imperium*, comme il le faisait dans les procès entre *perigrini et cives*. Ce sont des citoyens romains qui se présentent *in jure;* l'un prétend que son adversaire méconnait à son préjudice un droit que le *jus civile* protège et sanctionne, et le préteur, chargé d'appliquer la loi, les renvoie

[1] Malgré l'abolition des L[s] A[s], l'A[o] S[t] continua toujours de subsister dans la J[o] V[a]. Voyez sur ce point Ulp. XIX, 9; Gai. II, 24. — Ulp. XIX, 11-15, L. 4, § 28 ff., *de dol. et met. excep.*, 44, 4. Gai. II, 34-37; III, 85-87 — Gai. I, 134; L. 1, § 2 ff., *de R. V.*, 6, 1; C. 1, *de adopt.*, 8, 48 — Gai. I, 115-132, 138. Ulp. X, 1; Paul. II, 25, 4 — Gai. II, 20-33. Vat., *frag.*; 45, 49. Gai. I, 168. Ulp. XI, 6 et 19.

devant un juge auquel il donne la mission d'examiner si effectivement le demandeur est investi d'un droit reconnu par le *jus civile*.

La F[a], c'est-à-dire le résumé, dans lequel les pouvoirs du juge étaient déterminés, d'après le point de fait et le point de droit, se composait en général de trois parties : la *Demonstratio*, l'*Intentio*, et la *Condemnatio*.

La D° comprenait l'énonciation des faits qui ont donné naissance au droit.

L'I° indiquait les conclusions du demandeur; la question de droit du procès.

La C° donnait au juge le pouvoir de condamner ou d'absoudre le défendeur.

P. Ex. D° 1° «Quod A[s] A[s] a N° N° X millia stipu-«latus est.»

2° «Quod N[s] N[s] A° A° Servum Stichum «in jure cessit.»

I° 1° «Si paret N[m] N[m] A° A° X millia dare «oportere.»

2° «Si paret hunc hominem A° A° esse «ex jure quiritium.»

C° 1° «Judex N[m] N[m] A° A° X millia con-«demna; si non paret, absolve.»

2° «Quanti ea res erit tantam pecu-«niam judex N[m] N[m] A° A° condemna; «si non paret, absolvito. [1]

[1] Dans les trois actions divisoires F[a] Er[æ], F[m] R[m], C[i] D°, la F[a] se composait d'une quatrième partie appelée Ad°, par laquelle le magistrat donnait au J[x] le droit d'adjuger une chose à une personne ou de grever la chose indivise de droits réels.

SECTION III.

Des modifications apportées à la rédaction de la formule par l'insertion des exceptions et des fictions.

Au paragraphe III de la Section II du chapitre 1er de notre travail, nous avons dit que le préteur accordait l'*Actio*, toutes les fois que le droit réclamé était reconnu par le *jus civile*, et que d'ailleurs il ne fut pas éteint en vertu du même *jus*.

Mais le *jus civile* avait des lacunes; il se faisait surtout remarquer par son excessive rigueur. Le préteur avait le pouvoir, comme disent les textes, «adjuvandi, vel supplendi, vel corrigendi juris civilis.»

Aussi le *jus prœtorium* reconnaissait-il des droits au profit de personnes auxquelles le droit civil les refusait, et déclarait-il éteintes des actions que le *jus civile* laissait subsister avec toute leur force. Voilà donc le *jus prœtorium* en opposition avec le *jus civile*. Comment le préteur fera-t-il disparaître cette opposition? C'est au moyen de modifications apportées à la rédaction de l'action.

Ces modifications étaient les fictions et les exceptions. Au moyen des fictions, le préteur sanctionnait des droits que le *jus civile* méconnaissait; toutes nos explications subséquentes seront consacrées aux actions qui, renfermant cet expédient, portaient le nom d'*Actions fictices*. Quant aux exceptions, elles étaient destinées à paralyser l'effet d'une action accordée par le *jus civile*; on peut les définir des clauses accessoires, qui insérées à la suite de l'*intentio*, étaient au fond une condition négative apposée au pouvoir de condamner accordé au juge (L. 2, pr. ff., *de excep. et præsc.*, 44, 1).

CHAPITRE II.

DES ACTIONS FICTICES EN GÉNÉRAL.

Lorsqu'une personne se présentait *in jure* pour demander la sanction d'un droit réel ou personnel créé par le *jus prætorium* et non reconnu par la loi, le magistrat, chargé de l'administration de la justice, ne pouvait évidemment délivrer au demandeur une *formula* contenant une I° purement et simplement *in jus concepta*. Le J^{x}, en effet, devant se demander si la prétention du demandeur est ou non fondée d'après le droit civil, aurait nécessairement absous le défendeur, et le droit créé par le préteur serait resté un droit stérile. Pour sanctionner ce droit, le préteur pouvait faire pour les citoyens romains ce qu'il avait déjà fait pour les *peregrini*, c'est-à-dire délivrer au demandeur une *formula* (A° in f^{m}) dans laquelle, après avoir posé au juge une question de fait, il attachait à ce fait même une décision en vertu de son *imperium*. Mais agir ainsi n'était-ce pas s'attaquer directement au *jus civile?* N'était-ce pas dire, le *jus civile* ne protège pas le droit que je reconnais; eh bien, c'est moi, magistrat, qui le sanctionne, et par la formule même que je délivrerai, je forcerai le juge de le proclamer! Aussi le préteur n'accordait-il pas toujours à l'origine la *formula in factum* pour protéger les droits de sa création.[1] Il employa un moyen plus ingénieux, qui avait pour utilité de lui permettre de délivrer une action, et au juge de condamner le défendeur, sans être, en apparence du moins, en opposition avec le droit civil. Ce moyen consistait en une fiction. Le préteur accorde au demandeur une action *in jus concepta,* et pour que le juge puisse condamner le défendeur, il lui dit de supposer que l'une ou l'autre des deux parties ait telle qualité, ou bien que tel fait, non accompli en réalité, le soit,[2] toutes circonstances qui, si elles existaient, auraient pour résultat de rendre le droit réclamé sanctionné par le *jus civile.*

L'action qui contient une fiction de ce genre se nomme *Actio fictitia.* On l'appelle également *Actio utilis,* lorsque le préteur la donne par analogie d'actions existantes, étendues par le moyen de la fiction à des personnes ou à des cas hors de leur sphère.

L'*Actio fictitia* peut donc être définie une action prétorienne, tantôt réelle, tantôt personnelle, introduite pour corriger la rigueur du *jus civile,* ou pour suppléer à ses lacunes, dont l'I° *in jus concepta* contient une fiction par laquelle le demandeur est placé sous la protection du droit civil.

Gaius, aux paragraphes 34 et suivants de son IV°

[1] Puchta II, § 165, p. 127. Bonjean, *Traité des actions*, action paulienne.

[2] Le préteur insérait aussi quelquefois dans la formule la fiction que tel fait, accompli en réalité, ne l'était pas.

commentaire, nous indique différents cas dans lesquels le préteur accordait une *actio fictitia*. L'énumération faite par Gaius n'est qu'énonciative ; c'est ce qui résulte des expressions. « Veluti cum is qui ex edicto bonorum possessionem petiit, etc, etc). »

Voici quelle est la marche que nous suivrons dans nos explications sur les actions fictices : nous essaierons de diviser en cinq classes tous les cas où le préteur accordait l'A° F^{e}. Dans une première classe, nous rangerons celles accordées comme sanction de la *bonorum possessio* et de la *bonorum emptio*. Dans une seconde classe, nous rangerons celles accordées à l'occasion de procès entre pérégrins et citoyens romains. Dans la troisième classe, nous parlerons de l'action publicienne; dans la quatrième, de l'action paulienne, et, dans la cinquième enfin, des *Restitutiones in integrum*.

CHAPITRE III.

DES A^{s} F^{es} ACCORDÉES COMME SANCTION DE LA BONORUM POSSESSIO ET DE LA BONORUM EMPTIO.

SECTION I.

De celles accordées comme sanction de la B^{m} P^{o}.

La B^{m} P^{o} est un droit de succession fondé sur l'édit du préteur. On distingue la b^{m} p^{o} *testati*, et la b^{m} *possessio intestati*. La première se subdivise à son tour en b^{m} p^{o} *secundum tabulas*, ou confirmative du *jus civile*, et en b^m p^o *contra tabulas*, destinée à corriger la rigueur du *jus civile*. Par la b^m p^o *intestati*, le préteur confirme également ou modifie le droit civil. Nous n'avons à nous occuper ici que de la b^m p^o T^i ou Int^i destinée à suppléer au *jus civile*, ou à corriger ce que celui-ci renfermait de trop rigoureux.

Lorsque le préteur appelle à l'hérédité des personnes qui en sont exclues par le *jus civile*, celles-ci ne sont pas héritières. Le successeur prétorien se nomme *bonorum possessor ;* il n'a pas l'hérédité, mais il obtiendra la possession des biens au moyen d'un interdit appelé *quorum bonorum*. Dans l'hérédité peuvent se trouver des créances; or, ces créances n'étant pas transmises au *bonorum possessor*, puisqu'il n'est pas héritier, celui-ci n'a aucune action civile pour poursuivre les débiteurs héréditaires. Et *vice versa* les dettes ne pèsent pas *ipso jure* sur le b^m p^{or}, et par suite les créanciers du défunt n'ont pas d'action contre lui. Eh bien, puisque le préteur assimile le b^m p^r à un héritier, il délivrera dans les deux cas précités une formule dans l'*intentio* de laquelle il dira au juge de considérer fictivement comme héritier le *bonorum possessor*, et de cette manière une condamnation sera possible :

P. Ex. : 1° Judex esto : — Si A^s A^s id est ipse actor L^o T^o heres esset, tum si paret N^m N^m A^o A^o sestertium decem millia dare oportere. Si paret condemna; si non paret, absolve.

2° Judex esto : — Si A^{s} A^{s} L^{o} T^{o} heres esset, tum si paret A^{m} A^{m} N^{o} N^{o} sestertium decem millia dare oportere. Si paret, condemna ; si non paret, absolve.

Nous avons dit *supra* que le *bonorum possessor* a, pour se mettre en possession des biens héréditaires, un interdit du nom d'*interdictum quorum bonorum*. Mais cet interdit ne se donne que contre ceux qui possèdent *pro herede vel pro possessore*. De plus, après avoir eu la possession des biens le b^{m} p^{or} peut l'avoir perdue. Dans la première hypothèse, quel moyen aura-t-il pour se mettre en possession des objets héréditaires détenus *pro donato*, *vel pro legato ;* dans la seconde hypothèse, quelle action aura-t-il pour recouvrer sa possession perdue ? Il ne peut intenter la *rei vindicatio,* car il n'est pas *dominus ex jure quiritium ;* ni l'action en pétition d'hérédité[1] ; car il n'est pas davantage *heres ex jure civili*. Eh bien, le préteur arrive à son secours ; il lui donne une *actio* à *intentio in jus concepta,* mais contenant la fiction que le demandeur est héritier.

Pr. Ex. : A^{s} A^{s} veut recouvrer la possession de l'immeuble A propriété de T^{s} De

[1] Le *bonorum possessor* obtint néanmoins fort peu de temps après l'action en pétition d'hérédité. Cette action portait le nom de *possessoria hæreditatis petitio,* quand elle était intentée par le *bonorum possessor* (L. d'Ulpien et de Gaius, ff., *de poss. hær. petit.*, 8, 8).

cujus, et détenu par N' N', la formule sera ainsi conçue.

«Judex esto : Si A' A' id est ipse actor L° T° heres esset, tum si fundum de quo agitur ex jure quiritium ejus esse oporteret, etc.»

L'A° F^{a}, que nous venons de mentionner, à supposer qu'elle soit destinée à faire recouvrer au b^{m} *possessor* une possession perdue, ne lui est pas indistinctement accordée contre toute espèce de détenteur *pro herede*. A cet effet, il faut distinguer entre le cas où le défendeur est un étranger, et celui où il est un parent du *de cujus* appelé à son hérédité par le *jus civile*. Dans le premier cas l'A° F^{a} est toujours accordée au *bonorum possessor ;* dans le second cas, il faut faire une sous-distinction. Ou bien la *bonorum possessio* est accordée au réclamant pour corriger le droit civil, ou bien elle lui est attribuée soit pour le confirmer, soit pour suppléer à ses lacunes. Supposons d'abord que la *bonorum possessio* soit accordée pour corriger le *jus civile*. Eh bien, dans cette hypothèse, l'A° F^{a} sera délivrée au b^{m} p^{or}, qui doit avoir ici un *p^{io} cum re, cum effectu*. Par exemple, P^{s}, enfant émancipé du *de cujus*, devra jouir de l'A° F^{a} pour la restitution des biens héréditaires détenus par Secundus, agnat du *de cujus*. Mais si la b^{m} p^{io} doit confirmer le droit civil ou suppléer à ses lacunes, le b^{m} p^{or} ne peut avoir d'action contre l'héritier du droit civil, qui est appelé par la loi, préférablement à lui, à l'hérédité, et qui, dédaignant la vocation du préteur, a laissé passer le délai pour demander la b^{m} p^{io}. Le b^{m} p^{or} aura ici la *possessio sine re, sine effectu.*

(Voyez sur ce dernier point Ulp. Reg. 28. 13. Gai. II, 147, 148, et III, 37).

SECTION II.

Des A^{s} f^{es} destinées à sanctionner la bonorum emptio.

Sous la procédure des L^{s} A^{s}, l'exécution de la sentence rendue par le juge se traduisait par une appréhension au corps, au moyen de la *manus injectio,* et le débiteur devenait l'esclave du créancier (Loi des XII Tables, *Tabula tertia*). Dans dè rares cas seulement, spécialement prévus, il y avait un moyen d'exécution contre les biens (*pignoris capio*).

Sous le système de la procédure formulaire et même à l'époque de Justinien, le droit du créancier contre la personne du débiteur existe encore, mais avec cette notable différence que celui-ci ne devient plus esclave (L. 12, C. *Oblig. et act.,* 4, 10, et L. 1, C. *de priv. carc.,* 9, 5).

Cependant, à côté de cette voie d'exécution sur la personne, vient se développer, grâce au droit prétorien, un moyen de poursuite sur les biens, appelé *missio in possessionem.* Le contrainte, au lieu d'avoir pour objet la personne physique, atteint la personnalité juridique. Par un décret du préteur, les créanciers se font envoyer en possession de l'universalité des biens de leur débiteur, et cette universalité, ils la vendent publiquement et l'adjugent à celui qui leur offre de payer le plus fort dividende. L'acheteur (*emptor bonorum*) devient le successeur universel du débiteur qui perd sa personnalité juridique.

L'*emptio bonorum* est donc un mode d'acquérir universel fondé sur l'édit du préteur. Mais, comme le *jus civile* ne reconnaît pas l'*emptor bonorum* comme l'héritier de celui dont les biens ont été vendus, le préteur ne peut délivrer ni à l'*emptor bonorum*, ni contre lui, en tant que successeur universel du débiteur tombé en déconfiture, une *Actio in jus concepta*. Il faut cependant sanctionner la qualité de successeur universel attribué au *bonorum emptor*. Eh bien, pour arriver à ce but le préteur délivrera une *Actio in jus concepta* dans l'*intentio* de laquelle se trouvera la fiction que le *bonorum emptor* est héritier. [1]

Par exemple : A^s A^s créancier de Primus tombé en déconfiture et dont l'universalité des biens a été achetée par N^s N^s, va agir contre celui-ci en réclamation du dividende qu'il a promis de payer. Voici comment la formule sera rédigée :

Judex esto : «Si A^s A^s Primo heres esset, tum si «paret N^m N^m A^o A^o sestertium de«cem millia dare oportere.»

Ou bien N^s N^s détient un immeuble appartenant à Primus tombé en déconfiture, et dont les biens

[1] Cette action *fictitia* portait le nom d'*action servienne* (Gai. IV. § 35, in fine).

ont été achetés par A^s^ A^s^. Si A^s^ A^s^ veut agir en revendication contre N^s^ N^s^, voici comment sera conçue la formule :

Judex esto : «Si A^s^ A^s^ Primo heres esset, tum «si fundum de quo agitur ex jure «quiritium ejus esse oporteret.» (Gai. IV, § 35, et III, § 80, 81).

CHAPITRE IV.

DES ACTIONES FICTITIÆ ACCORDÉES DANS LES PROCÈS ENTRE ÉTRANGERS, ÉTRANGERS ET CITOYENS ROMAINS.

Primitivement dans les procès de ce genre, le préteur délivrait aux parties une F^a^ in f^m^ c^a^. Par cette formule, il attachait *sua auctoritate* une décision au fait qui y était indiqué, et par suite il sanctionnait directement les droits que le *jus civile* méconnaissait. Telle était la conduite du préteur sous le système de la procédure des *legis* A^s^ (Voyez *supra*, chap. I, Sect. II, § 2).

Lorsque la procédure formulaire fut en vigueur, et que le préteur fit ces innovations importantes qu'il appliquait en pratique, au moyen des actions fictices, dans les procès entre pérégrins, pérégrins et citoyens romains, il délivrait tantôt l'*actio in factum,* tantôt l'*actio fictitia in jus concepta.* Gaius, au § 37, de son 4e commentaire, nous donne un exemple d'une action fictice de ce genre.

On suppose qu'un *peregrinus* commette un vol,

une action sera délivrée contre lui, et la formule sera ainsi rédigée.

Judex esto : Si paret ope consiliove Dionis Hermœi filii furtum factum esse pateræ aureæ, quam ob rem eum, si civis Romanus esset, pro fure damnum decidere oporteret, et reliqua.

CHAPITRE V.

DE L'ACTION PUBLICIENNE.

SECTION I.

De l'Action publicienne et de son application quant à la propriété.

§ I. *De l'origine et de l'utilité de cette action.*

Lorsqu'une personne achète une chose corporelle *a non domino*, et que la vente est suivie de tradition, quoique l'*emptor* soit de bonne foi, c'est-à-dire qu'il croie le *venditor* propriétaire, néanmoins le *dominium* de la chose ne peut pas lui être transféré; car «nemo ad alium plus juris transferre «potest quam ipse haberet» (L. 54, ff., R. J.; 50, 17). Dans ces circonstances, l'*emptor* peut acquérir la propriété de la chose par la continuation de la possession pendant le laps de temps requis par la loi, et alors on dit qu'il a usucapé. La loi lui permet encore de percevoir les fruits produits par la chose pendant toute la durée de sa possession[1].

[1] A supposer toutefois que la bonne foi du possesseur ait continué à subsister.

Mais tant que l'usucapion n'est pas accomplie, l'*emptor* n'est pas propriétaire, et s'il vient à perdre la possession de la chose, le *jus civile* ne reconnaît à son profit aucune action pour la recouvrer. Si le hasard avait voulu que le véritable propriétaire fût en possession de la chose, on comprendrait que le possesseur de bonne foi ne pût agir contre lui. Mais c'est un tiers n'ayant aucun droit sur la chose qui la détient ; ce tiers n'a d'ailleurs ni bonne foi, ni juste titre ; et cependant, d'après les principes du *jus civile*, le possesseur primitif ne peut agir contre lui. Il y avait là dans la loi une lacune regrettable. L'équité exigeait que celui qui pouvait justifier d'un titre d'acquisition légitime, et était à la veille de devenir propriétaire par l'usucapion, l'emportât sur celui qui avait pour seule justification de sa possession la possession elle-même. Cette lacune fut comblée par le droit prétorien. Le possesseur, en voie d'usucaper, obtint contre les tiers une action réelle, appelée *Action publicienne* du nom du préteur Publicius par qui elle fut introduite.

De ces explications préliminaires résultent trois conséquences bien importantes : la première, c'est que l'action publicienne est d'origine prétorienne; la seconde qu'elle a été introduite pour protéger la possession de celui qui avait acquis avec juste titre et bonne foi, et lui permettre d'arriver à l'usucapion; la troisième enfin, que c'était celui qui pouvait usucaper qui avait en général droit à l'action publicienne.

A. Nous disons d'abord que l'action publicienne

est d'origine prétorienne. Cela est incontestable. Aussi, avant d'aller plus loin, avons-nous à nous demander quel était le caractère de cette action et comment était rédigée la formule délivrée aux parties qui s'en prévalaient? L'action publicienne était une action réelle donnée au possesseur en voie d'usucaper contre tout tiers détenant une chose corporelle à un titre moins fort que le demandeur, et, tendant comme la *rei vindicatio* à l'en déclarer propriétaire (voy. Gai. IV, 36; *Justi. Ins.*, § 4, *de Act.*, 4, 6, L. 7, § 6, ff., *de publ. in r. ac.*, 6, 2, et L. 35, ff.; *Oblig. et Act.*, 41, 7). Quant à la rédaction de cette action, il est évident qu'elle ne pouvait comprendre une *intentio* purement et simplement *in jus concepta*. Le préteur ne pouvait pas demander au juge si le réclamant était *dominus ex jure quiritium*; car il ne l'était pas. Il lui était impossible également, sans violer directement le droit civil, de poser au juge la question de savoir si le demandeur était propriétaire d'après le droit prétorien et de condamner le défendeur le cas échéant. Eh bien, pour donner l'action au possesseur de bonne foi, sans s'attaquer ouvertement au droit civil, le préteur, dans l'*intentio* de la formule qui est *in jus concepta*, insère la fiction que l'usucapion est accomplie, et ainsi il ne fait, en apparence du moins, qu'appliquer le *jus civile*, et la *formula publiciana* n'est que la *formula* de la *rei vindicatio* avec l'addition de la fiction que l'usucapion est accomplie.

B. Nous disons en second lieu que l'action publicienne a été introduite pour protéger la possession de celui qui avait acquis *a non domino* avec juste titre et bonne foi. Cette proposition a été contestée. On a soutenu que la publicienne avait été créée pour celui que les modernes appellent *propriétaire bonitaire*, c'est-à-dire pour celui qui avait acquis par tradition une *res mancipi*. Ce dernier, a-t-on dit, n'étant pas *dominus ex jure quiritium*, n'avait pas la *rei vindicatio*, et par conséquent, s'il avait perdu la possession de sa chose, il n'avait aucun moyen pour la recouvrer. Or, pour remédier à cet inconvénient et corriger l'excessive rigueur du droit civil, le préteur lui a accordé l'action publicienne. On convient dans le système que nous exposons, que les termes de l'édit, tels qu'ils sont rapportés au Digeste, sont, si on les prend à la lettre, la condamnation de l'opinion qui admet que le préteur a introduit l'action publicienne pour celui qui a acquis par tradition *a domino* une *res mancipi*. Mais il est très-vraisemblable, a-t-on dit, que les mots «*non a domino*» du *principium* de la loi 1, h. titul., ne se trouvaient pas dans l'édit, et ont été interpolés par Tribonien, pour mettre les paroles du préteur en parfait accord avec le dernier état du droit, dans lequel, la distinction des deux domaines ayant disparu, l'action publicienne ne pouvait plus être nécessaire qu'à celui qui tenait la chose *a non domino*. Maintenant, a-t-on ajouté, cette vraisemblance que les mots «*non a domino*» ont été intercalés par Tribonien, devient une certitude, quand on se pénètre bien de l'idée, qu'il n'existait aucun motif sérieux pour introduire une action en faveur de celui qui a acquis *a non domino*; que le droit civil avait déjà assez fait pour lui en lui reconnaissant la propriété au bout d'un an ou de deux ans.

A cette argumentation nous avons deux réponses à faire : la première, c'est qu'en se basant sur une pure hypothèse, «il est très-vraisemblable que les mots «*non a domino*» sont une interpolation de Tribonien»; elle raie de la loi 1 *princ.*, h. titul. les expressions «*non a domino*»*;* la seconde, c'est que celui auquel une chose avait été tradée *bona fide ex justa causa non a domino* méritait plus de faveur que le propriétaire bonitaire, qui, ayant reçu la chose *a domino*, mais sans l'emploi des modes solennels d'acquérir, n'avait qu'à s'en prendre à lui-même de n'avoir pas exigé de son auteur que la chose lui fût transférée *mancipatione vel cessione in jure*.

Nous maintenons donc notre solution que l'action publicienne a été créée par le droit prétorien pour protéger la possession de celui qui avait acquis *a non domino* avec juste titre et bonne foi.

(Voyez dans le sens de notre opinion, de Wangenrow; *Cours de Paudectes* I, § 333, Annotation I. M. Lederlin, en son Cours, Théorie des actions).

C. Enfin l'action publicienne compétait en général à toute personne en voie d'usucaper, et à elle seule. L'exactitude de cette proposition se trouve clairement démontrée par la loi 1 *princ.* h. titul. ainsi conçue : «ait prætor, si quis, id quod traditur «ex justa causa nondum usucaptum petet, judicium «dabo», et par la rédaction même de la formule donnée à celui qui intentait l'action publicienne, et dans laquelle se trouvait la fiction que l'usucapion était accomplie (Gai. IV, 36, cnf. L. 7, § 2; L. 9, § 5, L. 12, § 4 ff. h. titul.).

§ II. *Des conditions d'application de l'action publicienne, abstraction faite des personnes.*

Pour que l'action publicienne puisse recevoir application, il faut l'existence de toutes les conditions nécessaires pour l'accomplissement de l'usucapion, à l'exception de la condition du temps. Ainsi il faut 1° la possession, 2° une chose susceptible d'être usucapée; 3° une *justa causa;* 4° la *bona fides.*

PREMIÈRE PARTIE.

De la possession.

Sensu stricto le mot «possession» désigne la détention d'une chose corporelle avec l'intention de se gérer comme propriétaire, à l'exclusion de toute autre personne. C'est une telle possession que doit avoir perdue le demandeur pour que l'action publicienne lui compète (L. 1 *princ.* ff. h. titul. *quod traditur;* L. 13, § 1 Cod).

Sans possession préalable, pas d'action publicienne possible.

On a soutenu que cette proposition, «sans possession préalable, pas d'action publicienne possible», formulée en termes si absolus, était contredite par les lois, 11, § 2; 12 § 1, à notre titre dans lesquelles les jurisconsultes Ulpien et Paul, accordent l'A° P^{a} à des personnes qui «*possessionem non nacti sunt,*» qui «*non possident*». A cette théorie nous avons deux réponses à faire : la première, c'est qu'il suffit de lire attentivement ces deux lois, pour se convaincre que la personne à laquelle on accorde l'action Publicienne, si elle ne possède pas par elle-même, possède par autrui, et que les mots «*possessionem non nacti sunt*», «*non possident*», expriment l'idée que cette personne ne détient pas elle-même la chose. La seconde réponse que nous ferons à l'objection proposée, c'est que, dans le système contraire, il y aurait une *formula publiciana* qui ne serait pas construite sur la fiction que l'usucapion est consommée, et qu'on se demanderait alors en vain, comment serait conçue la rédaction de la formule (Gaius IV, 36; l. princ. «*nondum usucaptum petet*» à notre titre.)

DEUXIÈME PARTIE.

De la chose susceptible d'être usucapée.

Toute chose *in commercio* peut en général être usucapée. Nous nous abstiendrons d'énumérer celles qui par exception ne le sont pas; nous renverrons purement et simplement aux textes qui en parlent : «*Instit. de Usuc.*, § 6, L. 18, 24 ff. *de usurp. et usuc.* 41, 3). — L. 16 ff, *de fund. dot.* (23, 5,) 30, C. I. D. (5. 12) — Gai. II 80. — 1, C, *de bon. mater.* (6, 60); 1 4 C, *de bon. quœ liber.* (6.61); L 1, § 2 C., *de ann. excep.* (7. 40), cnf *Novel.* 22, cap. 24; — lib. 7, § 38 C. *ne rei dominic. vindic. temp. prœscrib. subm.*, et L. 6 C. *de fund. patrim.* (11. 61); — L. 9 ff., *Usurp. et usuc.*, et L. 12, § 2 ff, *publiç. in. r. ac.*, — *Novel.* III, cap. I, 131, cap. 6. — Quant aux choses volées, voyez spécialement le titre *de*

Usurp. et usuc. au Digeste, et le même titre aux *Institutes.*»

Il y a des auteurs qui ont soutenu que l'A° *in rem* P° peut être intentée même si la chose, dont on veut recouvrer la possession, n'est pas susceptible d'usucapion. Pour le décider ainsi ils ont argumenté de la loi 12, § 2, h. titul. qui porte que l'A° P° compète au possesseur des *prœdia vectigalia et alia prœdia quœ usucapi non possunt.* Mais cette opinion est contraire à l'idée qui a fait introduire l'action publicienne, ainsi qu'à la loi 9, § 5, h. titul,. dans laquelle il est dit formellement que lorsqu'il s'agit de choses qu'on ne peut usucaper, tels que les choses volées, les esclaves en fuite, l'action publicienne ne peut être intentée. Quant à l'argument tiré de la loi 12, § 2, précitée, il ne prouve absolument rien; car cette loi parle de *prœdia* qui sont susceptibles d'être prescrits par 10 ou 20 ans.

Dans un autre système on admet le principe que l'A° P° n'est accordée que quand il s'agit de choses susceptibles d'usucapion. Mais on ajoute que si la prohibition d'usucaper est fondée sur un privilége accordé au propriétaire, alors l'action publicienne compète à celui qui a perdu la possession. A l'appui de cette thèse on a cité les lois 7, § 4, 3, § 2 h. titul. ainsi conçues : «Si a minore quis emerit ignorans eum minorem esse, habet publicianam. — Qui a pupillo emit probare debet, tutore auctore, lege non prohibente, se emisse. Sed si deceptus falso tutore auctore emerit, bona fide emisse videtur.» Mais ces deux lois s'expliquent parfaitement. Et en effet, l'acquisition par usucapion des choses appartenant à des pupilles ou à des mineurs était parfaitement permise : la *præscriptio longi temporis* seule ne pouvait courir que contre les majeurs (Voyez L. 2 ff, *de eo qui pr. tut. prove. cur. negot. gessit* (27, 5); L. 3 § 11, ff *de Usurp. et usuc.* (41, 3); L. 2, § 15; L. 7, § 3, *pro empt.* (41, 4); L. 4, § 24, *de dol. mal. et met. except.* (44, 4); L. 33, ff. *de furt.* (47, 2), L. 1 C. *si adv. usuc.* (2, 36); L. 9, C. *de usuc. pro empt.* (7, 27). *Non obstant* L. 48, ff. *de adquir. rer. domin.* (41, 1) et L. 3, C. (7, 35), qui parlent de la *præscriptio longi temporis*, et L. 5, C. *in quib. caus. in integr. resti. nec.* (2, 41) qui s'occupe de la prescription des actions, et non de l'usucapion, comme cela résulte clairement du titre au Code «*Si adversus usucapionem* (2, 36).

TROISIÈME PARTIE.

De la justa causa.

On appelle j[a] C[a] une cause qui, d'après les règles du droit, est susceptible de fonder la transmission de la propriété. Telles sont la vente, la donation, la constitution de dot, la *noxæ deditio*, etc., etc., etc. (Voyez L. 1, *princ.*, L. 2, l. 3, § 1; l. 4, l. 5 h. titul.).

En matière de vente, l'action publicienne peut être intentée avant le paiement du prix, quoique la chose vendue ne puisse pas encore être usucapée. C'est là une exception au principe d'après lequel la personne qui est en voie d'usucaper peut seule jouir de l'action publicienne (l. 11, § 2 ff. *act. empt. et vendit.*, 19, 1) cbn avec la loi 8 h. titul.).

Un titre putatif suffit-il pour pouvoir intenter

l'action publicienne? La question revient à savoir si un titre putatif peut fonder l'usucapion? Pour résoudre cette question, il faut distinguer entre le droit antérieur à Justinien et le droit de Justinien.

Dans le droit antérieur à Justinien, la question était vivement controversée entre les jurisconsultes. Cependant tout le monde était d'accord pour admettre que l'usucapion pouvait avoir lieu, si le *tradens* et l'*accipiens* croyaient à un juste titre, ou si l'*accipiens* croyait à un titre autre que celui qui existait en réalité (L. 3, 4, § 2 ff., *pro suo,* 41, 10; L. 31, § 6; l. 44, § 4 ff., *usurp. et usuc.,* (41, 3).

Dans le droit de Justinien, la question est tranchée dans le sens de la négative (§ 11, *Inst. de usuc.*, II, VI; l. 27 ff., *usurp. et usuc.,* 41, 3; l. 2, § 6 ff., *pro empt.,* 41, 4); l. 1, *princ.* ff., *pro donato,* 41, 6; l. 6 ff., *pro derelic.,* 41, 7); avec cette restriction toutefois que, s'il y a une erreur de fait excusable, le *titulus putativus* peut fonder l'usucapion (l. 4 ff., *pro derel.;* l. 48 ff. *de usurp. et usuc.;* l. 2, § 8 et 11, *pro empt.;* l. 3 et l. 5, § 1 ff., *pro suo*). Ainsi, si vous achetez d'un pupille que vous croyez majeur, d'un fou que vous croyez sain d'esprit, vous pourrez usucaper et par conséquent intenter l'action publicienne (l. 5, 7, § 2 et 4; l. 13, § 2 h. titul.)

Non obstat, l. 2, § 16, *pro empt.,* à laquelle doit être préférée la loi 7, § 2, *de in r. publ.,* consignée dans un titre où il est traité *ex professo* de l'action publicienne.

QUATRIÈME PARTIE.

De la bona fides.

On entend par *bona fides* la persuasion dans laquelle est le possesseur que celui qui lui a tradé la chose en était véritablement propriétaire. Cette erreur doit être une erreur de fait excusable (L. 4 cbn l. 6 ff. *de jur. et fact. ignor*, 22, 6).

La *bona fides* doit exister au moment où la possession commence (L. 15, § 3; L. 43, *princ.* ff., *de usurp. et usuc.* 41, 3, et L. 7 C. 7, 31), parce que c'est à ce moment que l'*accipiens* serait devenu propriétaire, si le vice qu'il ignorait n'eût point existé. Par exception en matière de vente la bonne foi doit exister à deux époques différentes, au moment du contrat et au moment de la tradition (L. 48 ff.; *de usurp. et usuc.*, 41, 3; L. 2 ff., *pro empto.* 41, 4; L. 7, § 16 et 17, *de pub. in r. ac.*

Pour résumer le paragraphe II de notre chapitre V., nous dirons que, tandis que celui qui intente la *rei vindicatio* doit prouver qu'il est propriétaire et par conséquent établir la propriété de ses auteurs, celui qui se prévaut de l'action publicienne triomphera dans sa demande, s'il est constant qu'il possédait avec juste titre et bonne foi.

§ III. *Des conditions d'application de l'action publicienne considérées au point de vue du défendeur.*

L'action publicienne n'est, en général, donnée contre une personne que si elle a une possession de qualité inférieure à celle du réclamant (*in pari causa possessor potior haberi debet*), L. 128. R. J., 50, 17. De ce principe découlent les conséquences suivantes :

1° L'action publicienne ne peut avoir d'effet contre le véritable propriétaire, qui la paralysera par l'*exceptio justi dominii*, L. 16 et 17, h. titul. Mais si le véritable propriétaire, en agissant contre le possesseur par la *rei vindicatio*, devait être repoussé par l'*exceptio rei venditæ et traditæ*, ou *rei judicatæ*, ou *doli*, l'effet de l'*exceptio justi dominii* serait annihilée par la *replicatio rei venditæ et traditæ*. (L. 72 ff. R. V.; L. 14, h. titul.; L. 2 ff. *except. r. v. et tr.* 21 5; L. 22 ff., *de act. r. a.* 25 2; L. 1, 3 ff. *pro emp.* 41, 4; L. 24 ff. *ex r. j.* 44, 2; L. 4, § 32 ff, *de dol. mal. et m. ex.* 44 4).

2° Elle ne peut être intentée contre celui qui a une bonne *fidei possessio*. Nous distinguerons toutefois avec Ulpien (L. 9, § 4, ff. h. titul.) le cas où la chose a été vendue par deux personnes différentes de celui où elle a été vendue par le même individu. Dans le premier cas, c'est celui qui a reçu le premier livraison de la chose qui doit avoir la préférence sur l'autre; dans le second cas, c'est celui qui se trouve en possession qui doit l'emporter, et par conséquent l'action publicienne ne peut être donnée contre lui. D'après le jurisconsulte Nératius (Loi 31, § 2 ff., *de act. empt. et vend.* 19, 1), le préteur devrait toujours donner la préférence au premier *accipiens* de la chose. Nous croyons cette solution moins conforme aux principes et à la raison que la première.

§ IV. *Dans quels cas le préteur accordait-il l'action publicienne?*

L'action publicienne, avons-nous dit et suffisamment démontré *supra*, § I, lettre B. de notre chapitre, a été créée par le préteur pour sanctionner la possession de celui auquel une chose avait été tradée *a non domino ex justa causa et bona fide.* Mais l'action publicienne et son application furent étendues plus tard à deux autres cas ;

1° Lorsqu'une chose *mancipi* avait été livrée *a domino*, mais sans mancipation, ni autre mode d'acquisition quiritaire.

2° Lorsqu'il ne s'agissait pas d'usucapion, mais de *præscriptio longi temporis*, commencée ou même révolue, et que celui au profit de qui courait ou s'était achevée la *præscriptio*, venait à perdre la possession de la chose.

Le véritable propriétaire jouit-il de l'action publicienne? Voici quel est l'intérêt de la question. Quand on intente la R[t] V[io], il faut prouver qu'on est propriétaire et par conséquent établir la propriété de ses auteurs. Lors au contraire qu'il s'agit de l'A° P[a], la preuve à faire par le demandeur est plus facile; il lui suffit de prouver qu'il est *in conditione usucapionis*. Nous croyons avec tous les auteurs que le *dominus ex jure quiritium* pourrait préférer l'A° P[a] à la R[t] V°. Et en effet, celui à qui compète la P[a] est présumé propriétaire, et il serait faux de décider que le préteur aurait refusé son appui à ceux qui sont protégés par le *jus civile*.

Lorsque l'Action publicienne est justifiée, le demandeur est reconnu propriétaire supposé, et dès lors l'effet de l'action sera semblable à celui de la R[1] V° (L. 7, § 8, ff. h. titul.).

§ V. *De la rédaction de la formula publiciana.*

La rédaction de cette formule pouvait subir des variations sans nombre, selon la *justa causa* qui avait fondé la mise en possession, selon l'espèce de mise en possession elle-même, et enfin selon qu'il était nécessaire ou non, d'après les circonstances, d'insérer dans l'*intentio* une *exceptio* ou même une *replicatio*.

Mais ce que l'on rencontrait toujours dans la formule, c'était la fiction que l'usucapion était accomplie, et par suite la demande au juge si le réclamant est ou non *dominus ex jure quiritium*.

Si celui qui intente l'action publicienne, au lieu d'être en voie d'usucaper, était *in conditione præscriptionis longi temporis*, outre la fiction que l'usucapion est accomplie, la formule renfermerait encore d'autres fictions dont nous parlerons *infra*.

Par exemple : 1° Le *justus titulus* est une vente, le mode d'acquérir la tradition; celui qui intente l'action publicienne est d'ailleurs en voie d'usucaper. Dans cette hypothèse, la formule sera ainsi rédigée :

Judex esto : Si quem hominem A[s] A[s] emit, et is ei traditus est, anno possedisset, tum si eum hominem de quo agitur ejus ex jure quiritium esse oporteret.

Si le possesseur de la chose réclamée au moyen de l'A° P° était le véritable propriétaire, suivrait l'*exceptio justi dominii* ainsi conçue :

«Si non ejus sit res» (L. 24 ff. *de exc. rei. ju.* 44, 2).

Et si la *rei vindicatio* du véritable propriétaire devait être repoussée par une exception, l'exception *justi dominii* serait à son tour paralysée par la *replicatio* suivante :

«Si res tradita non sit» (L. 24 ff. *de ex. r. j.*).

2° Le *justus titulus* est une vente, le mode d'acquérir la tradition, mais celui qui intente l'action publicienne est un *peregrinus*. Eh bien, dans cette hypothèse, outre la fiction que l'usucapion est accomplie, la formule contiendra celle que le demandeur est citoyen romain, parce que le *peregrinus* ne peut pas usucaper :

Judex esto : Si quem hominem A° A° emit, et is traditus ei est, ut civis romanus anno possedisset, tum si eum hominem de quo agitur, ejus ex jure quiritium esse oporteret.

3° Le *justus titulus* est une vente, le mode d'acquérir la tradition, mais le fonds sur lequel porte la contestation est un fonds provincial qui par conséquent ne peut faire l'objet de l'usucapion. Ici pour pouvoir insérer dans la formule la fiction que l'usucapion est accomplie, il faut également y insérer celle que le fonds est *italicus*.

Judex esto : Si quem fundum A' A' emit et is ei traditus est, italicus esset biennioque possedisset, tum si eum fundum de quo agitur, ejus ex jure quiritium esse oporteret.

4° Le *justus titulus* est une vente, la mise en possession une quasi-tradition, et c'est sur une servitude, que porte la contestation. Nous supposons d'ailleurs que l'action publicienne est intentée postérieurement à la promulgation de la loi Scribonia (voyez *infra*, section II de notre chapitre). La *formula publiciana* sera ainsi rédigée :

Judex esto : Si quod jus A' A' emit atque consentiente venditore exercuit, res corporalis esset, biennioque quasipossedisset, tum si id jus illius esse oporteret.

SECTION II.

D l'Action publicienne, et de son application quant aux démembrements de propriété.

Dans l'ancien droit romain on admettait l'acquisition de toutes les servitudes par l'usucapion. Mais ce mode d'acquérir fut complétement supprimé par la loi Scribonia (an de Rome 733).

Toutefois, à partir de ce moment, on admit qu'il pouvait y avoir pour les servitudes sinon une usucapion, du moins une *præscriptio longi temporis*. Le préteur protégea celui qui avait exercé une servitude pendant dix ou vingt ans à l'égal de celui qui l'avait acquise, et, comme sanction de cette décision, il lui accorda l'action publicienne pour le cas où il perdrait sa quasi-possession (L. 11, § I, et L. 12, § 3 h. titul).

CHAPITRE VI.

DE L'ACTION PAULIENNE.

SECTION I.

Origine et utilité de cette action.

En traitant, à la section II du Chapitre IV, des actions fictices accordées comme sanction de la *bonorum emptio,* nous avons dit qu'à la place d'un moyen de contrainte sur la personne même du débiteur, le droit prétorien avait introduit un moyen d'exécution sur les biens, se traduisant par la *missio in possessionem* d'abord, et la vente de l'universalité des biens du débiteur ensuite.

Mais le débiteur pouvait rendre illusoires la *missio in possessionem* et l'effet qu'elle devait produire; il n'avait qu'à faire sortir de son patrimoine les droits et actions qui y étaient compris. Le débiteur, en effet, quoique débiteur insolvable, avait, d'après le *jus civile,* la libre disposition de ses biens, et il n'y avait à cette règle qu'une seule exception introduite par la loi Ælia Sentia qui prohibait, à peine de nullité, les affranchissements faits en fraude des créanciers. Eh bien, pour remédier a cet inconvénient le préteur déclare révoqués les actes frauduleux passés par le débiteur, et, à cet effet, il donne à ses créanciers une action révocatoire appelée *Actio Pauliana,* du nom du préteur Paul qui l'a introduite.

SECTION II.

Du caractère de l'Action Paulienne.

SOMMAIRE.

C'est une action tantôt réelle, tantôt personnelle, construite sur la fiction que l'acte par lequel le débiteur a diminué frauduleusement son patrimoine n'a pas eu lieu.

Une des questions les plus vivement controversées de la théorie des Actions est sans contredit celle de savoir, quel est le caractère de l'action paulienne; si elle est réelle, comme le disent formellement les *Institutes,* personnelle comme semblent l'indiquer presque tous les textes du Digeste; ou bien si elle est tantôt réelle, tantôt personnelle, selon la nature du droit que le débiteur a fait sortir de son patrimoine.

A. Dans une première opinion, qui réunit le plus de suffrages, on soutient que l'A° P^{ena} est une action personnelle fondée sur un rapport d'obligation existant entre le créancier qui se plaint et celui contre qui il agit. Cette obligation, dit-on, réside dans le délit de celui contre lequel on intente l'action, soit qu'il ait participé à la fraude, soit qu'il n'y ait même pas participé; car celui à qui, dans le principe, on ne peut reprocher aucun dol, est réputé mal faire si, après qu'il a connu que la chose a été aliénée en fraude des créanciers, il a persisté cependant à la retenir, à cause du gain qui en résultait pour lui (L. 9, § ult.; L. 14, § 3, *quod. met. caus. ges.*).

L'action paulienne ne peut être en aucun cas réelle. Qu'est-ce, en effet, qu'une action réelle? C'est une action qui compète contre tout détenteur de la chose, bien que celui-ci n'ait commis aucune fraude, et qui ne peut en sens inverse être intentée contre celui qui ne possède plus. Or, l'action paulienne n'a ni l'un ni l'autre de ces caractères. En effet, 1° pour que le possesseur puisse être recherché par cette action, il faut qu'il ait participé à la fraude ou reçu la chose à titre gratuit (L. 1, 9 et suivants ff h. titul., et L. pénul. C., *cod.*); 2° cette action compète contre celui qui ne possède plus, et contre ses héritiers et autres semblables personnes (L. 10, ff, *cod. tit.*). Donc l'action paulienne n'est pas une action réelle.

En troisième lieu, l'action paulienne est appelée par les textes une *actio in factum*;[1] or, les actions qui ont cette dénomination sont toutes personnelles.

Enfin, en quatrième et dernier lieu, le jurisconsulte Paul, dans la loi 38 *princip.*, et § 4, *de usur.*

[1] Voyez L. 10, *princ.* h. titul.

(22, 1) énumère l'action paulienne parmi les actions personnelles.

Quelque spécieux que soit ce raisonnement, il n'est nullement fondé. On veut chercher la base de l'action paulienne dans un délit qu'aurait commis celui contre qui elle peut être intentée; d'où l'on prétend tirer la conclusion que l'action, étant fondée sur un rapport d'obligation, est nécessairement personnelle. Mais raisonner ainsi, c'est faire une pétition de principe. Dans aucun texte du Digeste on ne dit que l'action paulienne a son fondement dans un délit commis par celui contre qui on agit. Au contraire, le jurisconsulte Venuleius, dans la loi 25, § 1, dit formellement qu'il est d'avis avec Labéon que l'action paulienne est *rei restituendæ gratia actio, non pœnæ*.

En second lieu, il n'est pas vrai de dire qu'une action est réelle ou personnelle selon qu'elle peut être ou non intentée contre tout possesseur de la chose. Une action est réelle ou personnelle, selon que le droit qu'elle tend à faire valoir est réel, c'est-à-dire s'exerce directement sur la chose, sans l'intermédiaire d'aucune personne; ou personnel, c'est-à-dire ne s'exerce sur la chose que par l'intermédiaire d'une personne; que la plupart du temps une action réelle puisse être intentée contre tout détenteur de la chose, je veux bien l'admettre; mais dire qu'une action est réelle, parce qu'elle s'intente contre tout détenteur, c'est confondre l'effet avec la cause. Et cela est si vrai, que l'Actio *quod metus causa* se donne contre tout possesseur de la chose extorquée par violence, et cependant il n'est pas un seul jurisconsulte qui ait osé soutenir que c'est une action réelle (L. 14, § 3 ff., Ulp. *quod met. cau.*; 4, 2, cnf. *Inst.*, lib. IV, tit. 6, § 31).

Quant à l'argument qui consiste à dire que l'action *in rem* n'est pas donnée contre celui qui ne possède plus, tandis que l'A° Pauliana peut être intentée contre celui qui a cessé de posséder, il n'est pas plus fondé que les précédents, car l'action réelle se donne même contre celui qui ne possède plus, quand il a cessé de posséder par dol. Or, il est incontestable que l'*accipiens* d'une chose, aliénée en fraude des droits des créanciers, se rend coupable d'un dol, pour dérouter le demandeur, si, étant *particeps fraudis*, il aliène la même chose à un tiers (L. 25, 36 ff., R. V. (6, 1) et l. 131 et 157, § 1 ff., R. J. 50, 17). Voilà pour le cas d'une aliénation à titre onéreux. Si l'aliénation était à titre gratuit, et que le gratifié ne fût pas *particeps fraudis*, l'action donnée contre lui, lorsqu'il a cessé de posséder, ne sera pas réelle, à la vérité; ce sera une action personnelle, une *condictio sine causa*, avec la fiction que la donation n'a pas eu lieu. Mais de ce que, dans cette hypothèse, l'action Paulienne est personnelle, il n'en résulte en aucune façon qu'elle ne puisse jamais être réelle (voyez la même Section *infra*, lettre C, et section V, note I).

Le troisème argument proposé par les partisans du système que nous combattons, et tiré de la rédaction de la formule, est loin d'être concluant. D'abord, en effet, nous prétendons (et c'est ce que nous démontrerons tout à l'heure) que la *formula pauliana* était une *formula fictitia* avant d'être *in factum*. En second lieu, il est faux de dire que les actions *in factum conceptæ* sont toutes personnelles, et pour le démontrer, il suffit de citer les actions servienne et quasi-servienne, qui, quoique in f^um^ c^æ^, sont réelles.

En quatrième lieu, la loi 38, § 4 cbn. avec le *princ.*, dans laquelle le jurisconsulte Paul énumère l'*actio pauliana* parmi les actions personnelles, ne saurait nous arrêter. Et, en effet, si l'action paulienne, vu la fiction sur laquelle elle est construite[1], est réelle, si c'est un droit réel que le débiteur a aliéné, il n'en est pas moins vrai que son résultat final étant la réparation d'un préjudice, on pouvait à la rigueur la considérer comme une action personnelle à l'époque où le préteur délivrait l'*actio in factum*, en même temps que l'*actio fictitia*. C'est ce qu'a fait Paul, dans la loi 38, § 4 précitée. Mais cette opinion émise par Paul ne se rencontre dans aucun autre texte du Digeste.

Enfin, en cinquième lieu, dans la système que nous combattons, on supprime sans motifs aucuns le § 6 aux *Institutes, de Actionibus*, qui parle formellement d'une A° P^lliana^ *in rem*.

B. Dans un second système, on cherche à concilier le § 6 aux *Institutes* avec les textes du Digeste. Et voici ce que l'on décide :

«Le préteur n'accordait, à l'origine, l'action

[1] La *formula pauliana* contient la fiction que l'acte frauduleux qui a fait sortir le droit du patrimoine du débiteur n'a pas eu lieu.

paulienne que dans le cas où c'était par une aliénation de droits réels que le débitenr avait diminué frauduleusement son patrimoine. Et cette action, véritable revendication, construite sur l'hypothèse fictive que l'aliénation n'aurait pas eu lieu, était donnée contre tout tiers détenteur, qu'il fût ou non complice de la fraude; et telle est l'hypothèse prévue par le § 6, aux *Institutes*, mentionné plus haut.

Plus tard, le préteur étendit d'un côté, et restreignit de l'autre l'application de l'action paulienne. Il l'étendit en ce sens, qu'il permit de l'intenter pour tous actes frauduleux commis par le débiteur; il la restreignit en exigeant que le tiers, avec lequel a traité le débiteur, fût complice de la fraude. Aussi, à partir de cette époque, le créancier n'eut-il plus jamais une revendication, mais une action *in factum* et personnelle.

Cette distinction, que l'on propose dans ce système, est tout à fait arbitraire; elle ne se justifie ni par les principes historiques, ni par les textes. Il est, en effet, impossible d'admettre que le préteur, qui corrigeait les rigueurs du droit civil avec tant de mesure et de circonspection, ait commencé par faire le plus pour ensuite faire le moins, et que le § 6, aux *Institutes*, qui est destiné nécessairement à représenter le nouvel état du droit doive rester lettre morte. Aussi nous ne croyons pas que cette opinion soit la vraie, et nous allons passer au troisième système, qui seul doit prévaloir.

C. D'après un troisième système, qui est celui que nous adoptons, l'action Paulienne est tantôt réelle, tantôt personnelle, selon la nature du droit que le débiteur a fait sortir de son patrimoine.

Voici maintenant sur quelles raisons décisives s'appuie notre opinion :

Lorsqu'un débiteur diminue son patrimoine en fraude des droits de ses créanciers, ceux-ci, *missi in possessionem,* n'ont, d'après le *jus civile,* aucune action ni contre les acquéreurs de droits réels, ni contre les personnes que leur débiteur a libérées d'une obligation. Mais le préteur leur vient en aide, en leur donnant une action par laquelle il doit y avoir, comme le disent les textes, «une restitutio in pristinum statum.... ut perinde omnia revocentur» (L. 18, § 22, *quæ in fraud. cred.*). Ainsi l'A° P[lliana] doit avoir pour résultat de révoquer l'acte frauduleux passé par le débiteur.

Par cette action, l'acte frauduleux était-il attaqué directement, de telle manière que le juge avait pour mission d'en prononcer la révocation et d'ordonner la restitution de la chose? S'il en avait été ainsi, l'action paulienne des Romains n'eût en rien différé de celle établie par l'article 1167 du Code Napoléon, et par conséquent eût été essentiellement personnelle. Mais ce n'est pas de cette manière qu'agissait le préteur, quand il voulait anéantir un acte qui d'après le *jus civile* était parfaitement valable. Il usait de subterfuges, d'expédients; et ces subterfuges, ces expédients étaient la F[a] F[a] et la F[a] in F[um]. Or, comme le préteur a commencé par délivrer la F[a] F[a], avant la F[a] in F[um], l'action Paulienne fut introduite à l'origine au moyen d'une F[a] F[a]. Les créanciers, envoyés en possession de l'universalité des biens de leur débiteur exerçaient ses droits et actions à sa place, et, pour faire révoquer les actes frauduleux qu'il avait passés, le préteur leur donnait l'action relative aux droits aliénés *fraudationis causa*, construite sur la fiction qu'il n'y avait pas eu d'aliénation. D'où il suit que l'action est réelle ou personnelle, selon la nature du droit aliéné.

Que l'action paulienne ait été à l'origine une action fictice, ceci est pour nous hors de doute. Et, en effet, 1° le préteur commençait par accorder la *formula fictitia* avant la *formula in factum*; 2° tous les textes du Digeste parlent de «revocatio, de re«vocandum, de restitutionem fieri in pristinum sta«tum, de rem alienatam restitui oportet»; or, toutes les fois que le préteur révoquait un acte valable d'après le droit civil, il donnait une formule construite sur la fiction, que l'acte n'avait pas été passé (Gai. IV, 38; *Inst.* § 5, IV, 6). En 3° lieu, le § 6 aux *Institutes de Actionibus*, prévoyant l'hypothèse d'une aliénation, indique en termes très-explicites que l'action paulienne, dans ce cas, est réelle et contient la fiction que la tradition n'a pas été faite.

A l'époque où l'action paulienne fut introduite au moyen d'une *formula in factum*, elle n'en conserva pas moins, malgré cette nouvelle rédaction, son caractère d'action tantôt réelle, tantôt personnelle. Et, en effet, par la *formula pauliana*, les créanciers, agissant au nom de leur débiteur, devaient obtenir la restitution de la chose aliénée, ou le paiement de la dette remise, comme si cette aliénation ou cette remise n'avait pas eu lieu. Et si l'on voulait considérer l'action paulienne *in factum concepta* comme une action personnelle (et c'est ce qu'a fait Paul seul dans la loi 38, *princ.* et § 4 ff, *de usur. et fruct.*), il faudrait également décider qu'elle avait pour effet non la révocation de l'acte frauduleux, mais de déclarer tout simplement le tiers, complice de la fraude, responsable du préjudice causé au créancier. Or, cette opinion heurte de front les textes qui, parlant «de restitutio in «pristinum statum . . . . . de revocatio», supposent une action revocatoire, mais non une action en dommages-intérêts. (L. 1, § 1, L. 6, § 11; L. 10, § 6, 11, 22; L. 17, *princ.*; L. 24 et 25 ff. h. titul.).

Il résulte de toutes ces explications que l'Action paulienne, intentée à l'origine sous la forme d'une action fictice, plus tard sous celle d'une action *in factum* ou d'une action fictice, est tantôt réelle, tantôt personnelle, selon la nature du droit réclamé.

Par exemple, le débiteur A^us^ a aliéné frauduleusement un immeuble à N^us^, complice de la fraude, l'action paulienne sera ici réelle, et le créancier, s'il intente l'action fictice, aura une *rei vindicatio* avec la fiction que la tradition n'a pas eu lieu.

Judex esto : Si fundus de quo agitur N^io^ traditus non esset, tum si paret hunc fundum A^i^ esse ex jure quiritium.

Quanti ea res erit tanti N^um^ Lucio Titio A^i^ creditori condemna, ni restituat; si non paret, absolve.

Autre exemple, le débiteur A^{s} a fait une remise de dette à N^{us} pour frauder son créancier Lucius Titius. Ici le créancier aura une action *ex stipulatu* ou autre, avec la fiction que la remise de dette n'a pas été faite.

Judex esto : Si decem millia, quod A^{us} a N^{io} stipulatus est, A^{us} accepta non tulisset, tum si paret N^{ium} A^{o} decem millia dare oportere.

Si paret Lucio Titio A^{i} creditori N^{um} condemna; si non paret, absolve.

Nous définirons donc l'action paulienne une action prétorienne *fictitia* ou *in factum*, tantôt réelle, tantôt personnelle, donnée à un créancier pour faire révoquer indirectement les actes par lesquels un débiteur a frauduleusement diminué son patrimoine au préjudice de ses créanciers.

SECTION III.

Des conditions d'application de l'action paulienne abstraction faite des personnes.

Pour que l'action paulienne puisse recevoir application, il faut quatre conditions : 1° que le débiteur ait diminué son patrimoine; 2° que cette diminution ait porté préjudice à ses créanciers; 3° qu'il y ait fraude; 4° qu'une année ne se soit pas écoulée à partir de la *venditio bonorum*.

§ I. *De la première condition.*

Le débiteur doit avoir diminué son patrimoine; peu importe l'acte par lequel cet effet se soit produit; qu'il s'agisse d'une aliénation ou de tout autre contrat. Les termes de l'édit sont généraux «quæ fraudationis gesta erunt» (L. 1, h. titul.).

Ainsi l'action paulienne pourra être intentée, soit que le débiteur ait fait une aliénation de droits réels, soit qu'il ait renoncé à des droits personnels (L. 1, 2, 3, 4, 5, ff., h. titul.). Mais on ne pourrait attaquer un acte par lequel un débiteur a négligé d'augmenter son patrimoine, «quod autem «quum possit aliquid quærere, dit la loi 6 *princ.* «h. titul., non id agit, ut adquirat, ad hoc edictum «non pertinet; pertinet enim edictum ad diminuen«tes patrimonium suum, non ad eos qui id agunt «ne locupletentur.» Ainsi le débiteur peut répudier une hérédité soit légitime, soit testamentaire; il peut également répudier un legs; car, par ces actes, il n'a point diminué son patrimoine (L. 6, § I, II, III, IV, V, h. titul., et L. 25, § 4, *eod.*).

§ *II. De la seconde et de la troisième condition.*

Il faut que l'acte du débiteur ait causé un préjudice à ses créanciers, et que le débiteur ait eu conscience du dommage qu'il leur causait. C'est ce qu'on exprime en disant qu'il faut l'*eventus* et l'*animus* (*Inst., § 3. qu. et qu. ex cau. manu., etc.*). De ce principe résulte cette conséquence importante que les personnes qui sont devenues créancières postérieurement à l'acte du débiteur ne sauraient intenter l'action paulienne (L. 10, § 1, et L. 15 et 16 h. titul.).

§ *III. De la quatrième condition.*

Enfin, comme quatrième condition, il faut qu'un an ne se soit pas écoulé à partir de la vente des biens du débiteur, parce qu'autrement l'action ne serait plus donnée que, «in quantum locupletior «factus est possessor» (L. 10, § 24 h. titul.).

SECTION IV.

Des personnes auxquelles compète l'action paulienne.

C'est aux créanciers dont le titre est antérieur à l'acte frauduleux que compète l'action paulienne. L'exercice de cette action dépend toutefois de la condition que ces créanciers se soient fait envoyer en possession de l'universalité des biens de leur débiteur *(Inst.*, § 6, *de Act.;* L. 5, C. *de revo. his. quæ in fraud.*, 7, 75). Ainsi, lorsqu'un débiteur a fait un acte pour frauder ses créanciers, et qu'ensuite, après avoir désintéressé ces derniers, il contracte de nouveaux engagements, les nouveaux créanciers ne peuvent se prévaloir de l'action paulienne. Il en serait toutefois autrement, et l'action paulienne serait accordée à ces créanciers, si c'est au moyen de l'argent emprunté à ces derniers que le débiteur a payé ceux au profit desquels existait l'action paulienne (L. 10, § 1; L. 15 et 16 h. titul.).

SECTION V.

Contre quelles personnes l'action paulienne peut-elle être intentée ?

L'A° P^{lienne} peut être intentée non-seulement contre les tiers qui ont traité avec le débiteur, mais encore contre le *fraudator* lui-même ; donnée contre ce dernier, elle ne peut évidemment avoir d'autre but que de permettre la contrainte par corps. Aussi n'est-ce pas de ce cas que nous avons à nous occuper, mais bien de celui où elle est dirigée contre les tiers qui ont traité avec le débiteur.

Tout tiers, qui a passé l'acte frauduleux avec le débiteur, n'est pas indistinctement atteint pas l'action paulienne, et à cet effet il faut distinguer, si l'acte est à titre onéreux, ou à titre gratuit. S'agit-il d'un acte à titre onéreux, l'action paulienne n'est accordée contre les tiers, que s'ils ont été complices de la fraude, s'ils ont la *conscientia fraudis* (L. 1, *princ.,* L. 6, § 8, et L. 25, § 1 h. titul.). Mais si, au contraire, l'acte frauduleux est à titre gratuit, il n'est pas nécessaire que les tiers aient été *fraudis participes*[1] (L. 6, § 11). Remarquons toutefois qu'il n'est pas inutile de distinguer entre le dona-

[1] L'action paulienne est basée sur l'équité. Le préteur l'accorde non pas *in odium* du tiers acquéreur, mais *in favorem creditoris.* S'il est nécessaire pour son application que, dans le cas d'aliénation à titre onéreux, le tiers soit complice de la fraude, c'est que l'acquéreur et le créancier *certant,* tous deux, *de damno vitando;* or, *in pari causa, possidens potior haberi debet* (L. 128 R. J., 50, 17).

taire de bonne foi et le donataire de mauvaise foi. Tandis que le premier, en effet, ne peut être poursuivi que *quatenus locupletior factus est*, le second sera condamné *in solidum* (L. 6, § 11, *eod.*).

Lorsqu'une chose, aliénée frauduleusement, a passé entre les mains d'un sous-acquéreur, il faut, pour savoir si l'Action paulienne peut être intentée contre ce dernier, d'abord se demander si elle était applicable à l'acquéreur primitif, et, dans le cas où la réponse serait affirmative, faire pour le sous-acquéreur la même distinction que pour l'acquéreur primitif. (L. 9, h. titul.)

Un paiement fait par le débiteur à l'un de ses créanciers peut-il être révoqué au moyen de l'action paulienne? Si la *solutio* a eu lieu après la *missio in possessionem*, comme à ce moment la condition de tous les créanciers est la même, et que chacun d'eux n'a plus droit qu'à un dividende, sauf les cas légitimes de préférence, il n'est pas douteux que l'action paulienne ne soit applicable : le créancier a reçu plus qu'il ne lui était dû par une libéralité que lui a faite le débiteur (L. 6, § 7; L. 10, § 11, *eod.*). Aussi n'est-ce pas de ce cas que nous avons à nous occuper. Nous supposons que le paiement a été fait antérieurement à la *missio in possessionem ;* ce paiement est-il valablement fait? Pour résoudre cette question, il faut distinguer entre le cas où il s'agit d'une dette échue et celui où il s'agit d'une dette à terme.

A. *a)* Si la dette était échue, l'action paulienne ne peut être intentée contre le créancier qui en a reçu le paiement. Le paiement d'une dette, en effet, n'est pas un acte à titre gratuit; or, dans les actes à titre onéreux, pour l'application de l'action paulienne, il faut à la fois le *consilium fraudandi* de la part du débiteur, et la *conscientia fraudis* de la part du tiers. Cette *mala fides* de la part de l'*accipiens* n'est pas possible en principe dans l'hypothèse que nous prévoyons; car le créancier, qui reçoit le paiement de ce qui lui est dû, ne commet aucun dol, quoiqu'il ait su que son débiteur est insolvable (L. 129, R. J., 50, 17). Notre solution est confirmée de la manière la plus formelle dans les lois 6, § 7, 24, *in fine*. h. titul.

b) Notre opinion n'est cependant pas admise par tout le monde. Il y a des auteurs qui soutiennent que, si le créancier, qui reçoit le paiement de ce qui lui est dû, a eu connaissance de l'insolvabilité de son débiteur, il pourra être recherché par l'action paulienne. Connaître l'insolvabilité du débiteur, dit-on, c'est être *consciens fraudis*. On fortifie ce premier argument par deux autres, dont l'un est tiré de la loi 25, § 1. h. titul., et l'autre de la loi 96, *princ.* ff. *de solut.* (46, 3).

La loi 25, § 1, h. titul., prévoyant le cas où un beau-père constitue *fraudandi causa* une dot à son gendre, décide que, si l'insolvabilité du beau-père est connue du gendre, l'action paulienne peut être intentée contre lui, « in maritium autem, ajoute la « loi, qui ignoraverat, non dandam actionem non « magis quam in creditorem, qui a fraudatore quod « ei deberetur, acceperit, quum is indotatam uxo« rem non duxerit. » Or, voici comment on raisonne dans ce système; le jurisconsulte, dit-on, compare le mari ignorant l'insolvabilité de son beau-père à un créancier qui reçoit ce qui lui est dû; et comme il distingue entre le mari qui a connaissance de l'insolvabilité de son beau-père et celui qui ignore cette insolvabilité, il faut également établir une différence entre le créancier qui sait que son débiteur est insolvable et celui qui ne le sait pas, et donner par conséquent l'action paulienne contre le premier.

La loi 96, *de solut.,* porte «que, si le débiteur d'un pupille paie au créancier du tuteur, après une délégation de celui-ci, le débiteur n'est libéré que s'il n'y a pas eu de concert frauduleux entre lui et le tuteur; que le créancier du tuteur peut d'ailleurs être recherché par l'*interdictum fraudatorium* (ou par l'action paulienne), toutes les fois qu'il est constant qu'il a participé à la fraude, ou en d'autres termes, s'il a eu connaissance de l'insolvabilité du tuteur.» Il résulte donc clairement de cette loi, dit-on, que le créancier qui reçoit un paiement d'un débiteur qu'il sait insolvable, peut être poursuivi au moyen de l'action paulienne.

Voici ce que nous avons à opposer à ces trois arguments.

Nous disons d'abord que le créancier, qui reçoit ce qui lui est dû, ne commet pas de fraude, quoiqu'il connaisse l'insolvabilité de son débiteur «jus vigi-«lantibus scriptum est; nihil dolo creditor facit qui «suum recepit.» En second lieu, il n'est pas exact de dire que la loi 25, § I h. titul., assimile implicitement le mari connaissant l'insolvabilité de son beau-père, qui lui a constitué une dot, au créancier qui a reçu le paiement de sa créance d'un débiteur qu'il savait insolvable. Tout ce qui ressort de cette loi, c'est que le mari qui ignore l'insolvabilité de son beau-père, est assimilé au créancier qui a été payé par son débiteur, pour faire voir que le mari *dotatus* ne peut pas être considéré comme un donataire. Cette assimilation n'était d'ailleurs pas possible; car la position du mari qui reçoit une dot de son beau-père qu'il sait insolvable est tout à fait différente de celle du créancier qui reçoit le paiement de sa créance.

Quant au troisième argument proposé, il n'est pas plus concluant que les deux autres. Dans la loi 96 ff., *de solut.*, en effet, le créancier du tuteur a été payé non pas avec les deniers de celui-ci, mais avecceux du pupille; il y a là de la part de l'*accipiens* une véritable *mala fides*, et par conséquent les conditions d'application de l'action paulienne ne font pas défaut.

C. Dans une troisième opinion, on est allé encore plus loin que dans le système précédent. On a soutenu que l'action paulienne peut être intentée même si le créancier, qui a reçu le paiement de sa créance n'a pas connu l'insolvabilité de son débiteur, pourvu que celui-ci ait voulu le favoriser. On a dit qu'il y a là un paiement appelé *solutio per gratificationem*, et par conséquent une espèce de libéralité. Les partisans de ce système prétendent d'ailleurs que leur opinion est confirmée par la loi 6, § 1 et 2 ff., *de Reb. auct. jud.* (42, 5) et par la loi 24 h. titul.

Cette opinion ne peut se justifier ni par les principes, ni par les textes. Quant aux principes, elle les viole manifestement; un paiement, en effet, est un paiement et non une donation, et le créancier, qui reçoit ce qui lui est dû, n'est pas un donataire. Quant aux deux lois précitées, elles ne portent pas ce que l'on prétend. Prenons d'abord la loi 6, § 1 et 2, *de reb. auct. jud.*, 42, 5. Ces deux paragraphes sont rédigés comme suit; le premier, «si pupillus «antequam abstineret, aliquid gesserit, servandum «est, utique si bona fide gessit» ; le second, «quid «ergo, si quibusdam creditoribus solvit, deinde «bona venierint?... Quod si utroque instante tibi «gratificatus tutor solvit, aut prius eamdem portio«nem mihi quæri, aut communicandum quod ac«cepisti.» Il résulte du paragraphe premier de cette loi que, lorsqu'un pupille *heres suus*, fait des actes d'immixtion, et use ensuite du *beneficium abstinendi*, ces actes sont valables, s'ils ont été faits de bonne foi; et par application du principe contenu en ce paragraphe, le paragraphe 2 décide que les paiements faits aux créanciers héréditaires sont faits valablement, si le pupille ou le tuteur n'a pas voulu favoriser tel ou tel créancier, au préjudice de tel autre. Voilà ce que portent ces deux paragraphes qui n'ont pas le moins du monde trait à l'action paulienne. Quant à la loi 24 h. titul., elle est une application du même principe; elle ne prévoit pas non plus l'hypothèse de l'action paulienne; et ce que nous avançons là est clairement démontré par cette même loi 24, *in fine*, qui dit formellement qu'un paiement fait à un créancier avant la *missio in possessionem* est valable même *si extorserim invito debitori.*

Il est donc certain pour nous que, lorsqu'un créancier reçoit le paiement d'une dette échue, ce créancier est à l'abri de l'action paulienne, qu'il connaisse ou qu'il ne connaisse pas l'insolvabilité du débiteur, pourvu que la *solutio* ait eu lieu avant la *missio in possessionem.*

B. Arrivons au cas où la dette n'est pas échue. Dans cette hypothèse, l'action paulienne ne peut pas non plus être intentée pour la restitution du capital. Et en effet, le créancier à terme est un véritable créancier. «In diem debitor, adeo debitor «est, ut ante diem solutum repetere non possit» (L. 10, ff., *C. In.*, 12, 6). Or, le créancier qui reçoit ce qui lui est dû ne commet pas de fraude. «Nihil «dolo creditor facit, qui suum recepit» (L. 129, ff., *R. J.*, 50, 17). Mais les autres créanciers jouiront du bénéfice de l'action paulienne pour la révocation de l'avantage procuré au créancier par le paiement fait avant le terme[1] (L. 10, § 12; L. 17, § 2, ff., h. titul.).

Tout ce que nous venons de dire par rapport au paiement fait à un créancier s'applique non-seule-

[1] L'action paulienne n'est pas ici une véritable action révocatoire; c'est une action en indemnité du préjudice causé par un paiement anticipé. La formule de l'action dans cette hypothèse était probablement toujours rédigée *in factum*. Cette solution pourrait paraître, au premier abord, contradictoire avec celle que nous avons émise *supra*, quand nous prétendons que cette action, à l'origine, avait été *fictitia in jus concepta*. Il n'en est rien cependant. Et, en effet, il ne faut pas oublier

ment au cas où l'obligation est civile, mais encore à celui où elle est naturelle; car le créancier d'une obligation naturelle *suum tantum recipit,* et par conséquent n'a pu être de mauvaise foi.

Si, au lieu d'un paiement, nous supposons une constitution de gage, ou une *datio in solutum,* l'action paulienne peut être intentée, toutes les fois que le créancier a eu connaissance de l'insolvabilité du débiteur. Dans ces deux hypothèses, en effet, il s'agit de deux nouveaux contrats qui ont été formés en fraude des autres créanciers, et l'*accipiens* est *particeps fraudis* (L. 10, § 13, h. titul.; L. 6, § 6, et L. 22, *eod.;* L. 25, § 3, h. titul.; l. ult.; *quib. ex caus. in poss. eat.;* 42, 4).

CHAPITRE VII.

DE L'IN INTEGRUM RESTITUTIO.

SECTION I.

Notions générales.

On appelle I^n I^um R^tio un moyen de droit prétorien par lequel une partie peut obtenir subsidiaire-

que les actes par lesquels le débiteur diminuait frauduleusement son patrimoine étaient très-rarement des paiements anticipés; que, pour les faits d'aussi minime importance, jamais le préteur n'aurait porté une brèche au droit civil; que c'est pour les aliénations de droits réels, les libérations, les constitutions de droits personnels, que notre action a été créée. D'où il suit que le préteur n'a dû accorder l'action paulienne pour les paiements anticipés que fort tard et *utiliter* (V. L. 1 h. titul.)

ment du magistrat, sous certaines conditions, la rescision d'un acte valable qui lui a causé préjudice.

C'est le préteur qui a introduit l'In Ium Rtio, pour corriger les rigueurs du droit civil, en écartant un acte qui d'après le *jus civile* est parfaitement valable : l'origine de l'In Ium Rtio se trouve donc dans le droit prétorien.

Il faut se garder de confondre l'In Ium Rtio avec d'autres moyens soit de droit civil, soit de droit prétorien, qui en fait peuvent produire un résultat analogue, mais dont elle diffère sensiblement. Pour savoir si nous avons à faire à l'In Ium Rtio qui seule peut être appelée de ce nom, il faut se demander, 1° si la *restitutio in pristinum statum* est d'origine prétorienne ou non; 2° si c'est le magistrat lui-même qui prononce la révocation de l'acte que l'on attaque.

La rescision de l'acte, valable d'après le droit civil, ne peut être faite que *causa cognita*, et le préteur examine la question *extra ordinem* (L. 1, ff., *de In. Int. Res.*, 41).

On distingue, dans la Rtio In Ium deux formes de procédure. Tantôt le préteur prononce la Rtio sans renvoyer devant un juge; et cela a lieu, en général, lorsque par la Rtio le demandeur ne recouvre aucun droit, aucune action. Tantôt le préteur renvoie devant un juge, comme lorsqu'un droit ou une action a été perdue par le demandeur et que celui-ci veut les recouvrer, par l'In Ium Rtio.

Dans ce dernier cas la formule délivrée au demandeur était une *formula fictitia*, tantôt réelle, tantôt personnelle, construite sur l'hypothèse fictive, que l'acte passé par le demandeur et qui devait le priver de son droit n'avait pas eu lieu[1] (L. 5, ff., *de in integ. rest.*, IV. 1); L. 14 *in fine*. ff., de V. S. 50, 16.).

L'In I^um^ R^tio^ est un moyen subsidiaire qui ne reçoit application que là où toute autre action fait défaut (L. 16 ff., *de minor.*).Si a côté de l'In I^um^ R^tio^, la personne lésée avait encore une action subsidiaire pour se faire indemniser du préjudice qu'elle a éprouvé, il s'agit de savoir lequel des deux moyens doit l'emporter sur l'autre? Il résulte des textes que la R^tio^ In I^um^ concourt avec l'*actio* et l'*exceptio quod metus causa;* (L. 9 § 3. et 4; L. 21 § 6, ff., *quod metus causa* (4, 2). L. 3, C. *de his quæ* (2, 20); qu'elle doit être préférée à l'*actio doli* (L. 7, § 1, ff. de In I^um^ R^tione^ (4, 1); L. 1, § 6. L. 39 *de dolo* (4, 3,).

La *Restitutio in integrum* devait être demandée dans le délai légal. Ce délai, qui était à l'origine d'une année utile, fut porté à quatre ans continus par Justinien (L. ult. C. *de temp. in integ. Rest. tam. min.* (2. 53).

Le *beneficium in integrum restitutionis* passe aux héritiers et successeurs universels de la partie lésée (L. 6, ff. In In. Rest.; L. 24, ff., *princ. de minor.*; L. 25 ff., *de admin tut. vel cur.* 26, 7; L. 20, § 1, *de tutel. et ration. dist.* (27, 3).

[1] L'In I^um^ R^tio^ revêt la forme d'une action fictice ou d'une exception, ou même d'une réplique. Nous n'avons à nous occuper ici que de celle qui revêt la forme d'une action fictice.

SECTION II.

Des conditions exigées pour que le préteur accorde la Restitutio in integrum.

Ces conditions sont : 1° la lésion, 2° une *justa causa restitutionis* spécialement prévue par le préteur.

§ I. *De la lésion.*

Pour que la R^tio^ In I^um^ puisse avoir lieu, il faut avant tout que celui qui la réclame puisse justifier d'une lésion. Cette lésion peut consister non-seulement dans le *damnum emergens*, mais encore dans le *lucrum cessans* : «Hodie certo jure utimur, dit le § 6, à la loi 7, ff. de minor. 4, 4, ut et in lucro minoribus succurratur». La loi 27 au titre de *quib. caus. maj.* (4. 6,) edicte le même principe. Il importe d'ailleurs peu que la lésion ait porté sur la fortune, ou sur tout autre intérêt. Ainsi, celui qui s'est donné en adrogation à un brigand, peut par cela seul se faire restituer *in integrum,* s'il existe une *justa causa restitutionis* (L. 3 § 6, *de mino.;* L. 6, 34, § 1. *eod.* L. 2, C. *si advers. rem jud.* (2, 27).

La lésion doit résulter de l'acte même que l'on attaque ; on n'a point à s'occuper de celle qui est résultée d'un cas fortuit ou d'une faute de la partie lésée (L. 16 ff. *ex. quib. cau. maj.*, 4, 6, et L. 11, § 4 ff., *de minor.*, 4, 4).

L'édit ne détermine pas l'importance de la lésion. Cependant nous croyons que la lésion ne doit pas être minime. D'abord, en effet, il serait absurde que la moindre lésion pût permettre l'I[n] I[um] R[tio]. En second lieu, à l'appui de notre solution nous argumentons *a pari* des lois 9, § 5; 10 et 11 *princ., ff. de dol. mal.*, 4, 3; 54 ff. *de contrah. empt.*, 18, 1; 1, § 8; 4, § 6; 10, § 2; 11, 48, § 8 ff. *de ædil. edic.*, 21, 1). Lors donc que le préteur dans certains cas décide qu'il faut avoir éprouvé une lésion importante, pour pouvoir jouir du bénéfice de la R[tio] I[n] I[um], il n'a voulu qu'appliquer un principe général et non faire des exceptions (voyez L. 49 ff., *de minor.*; L. 1 C., *si adv. donat.*, 2, 30; L. 1 C., *si adv. fisc.*, 2, 37).

Dans certains cas spécialement prévus il faut exceptionnellement avoir subi une lésion très-importante pour pouvoir obtenir la R[tio] I[n] I[um]. Ces cas sont les suivants :

1° Celui où un mineur a donné en gage à son créancier des immeubles qui ont été vendus par l'effet de l'exercice de l'action hypothécaire (L. 1, C. *si adv. vend. pign.*, 2, 29).

2° Celui où un majeur de 25 ans demande la R[tio] I[n] I[um] contre une adition d'hérédité, sans pouvoir justifier d'une *justa causa* R[tionis]. [1]

[1] L'empereur Adrien avait, par une faveur spéciale, donné la R[tio] In I[um] à un majeur de vingt-cinq ans, bien qu'il n'y eût pas de *justa causa* R[tionis], parce qu'après l'adition d'hérédité, des dettes considérables et inconnues d'abord étaient venues à surgir (Gai. II, 162. Just., *Inst.* II, 19, § 6).

§ *II*. *De la justa causa restitutionis.*

Pour que le préteur accorde l'*in integrum* R^{ne}, il ne suffit pas que la partie qui se plaint ait éprouvé une lésion ; il faut en outre qu'il existe une C^{e} R^{nis} spécialement déterminée par le préteur. Il y a six C^{es} R^{tionis} : la minorité de 25 ans, la violence, le dol, l'erreur, la *capitis diminutio,* et l'absence[1] (L. 1 et 2 ff. *de in int. res.,* 4, 1 ; et Paul R. S. I, VII, 2).

PREMIÈRE PARTIE.

De la minorité.

A Rome la capacité civile existait pleine et entière dès le moment où l'individu avait atteint l'âge de puberté. Néanmoins jusqu'à l'âge de vingt-cinq ans le jeune homme était protégé d'une manière spéciale contre son inexpérience. Le droit civil (Loi Plétoria, an de Rome 568) punissait d'infamie ceux qui, en traitant avec un mineur de vingt-cinq ans, avaient abusé de sa jeunesse pour le tromper. Le préteur généralisa cette règle en rescindant tout acte préjudiciable passé par le mineur de vingt-cinq ans même assisté d'un curateur.

Lorsqu'un mineur de vingt-cinq ans se présentait devant le préteur pour se faire restituer contre l'acte qu'il avait passé, si celui-ci ne connaissait pas seul de l'affaire, mais renvoyait devant un juge, il accordait au mineur la formule relative au droit aliéné avec la fiction que l'acte contre lequel

[1] Ou plus généralement l'impossibilité d'agir.

on demandait la restitution n'avait pas été passé.[1]

Par exemple : A^{us}, mineur de vingt-cinq ans, a transféré la propriété d'un esclave à N^{us}, et il demande la R^{uo} I^{n} I^{um} contre ce dernier. Le préteur, après avoir prononcé la rescision de l'aliénation, délivrera au mineur une formule ainsi rédigée :

> Judex esto : Si quem hominem A^{us} non N^{io} tradidisset, tum si eum hominem de quo agitur ejus ex jure quiritium esse oporteret.
>
> Quanti ea res erit, tanti A^{o} N^{ium} condemna, ni restituat ; si non paret, absolve.

On bien A^{us}, mineur de vingt-cinq ans, a fait par acceptilation une remise de dette à N^{ius}, et il demande l'I^{n} I^{um} R^{uo} contre ce dernier. Le préteur, ici encore, après avoir prononcé la rescision de l'acceptilation, donnera au mineur une *formula fictitia* ainsi redigée :

[1] Pour savoir si le fidéjusseur du mineur peut profiter de la *restitutio in integrum* prononcée en faveur de ce dernier, il faut faire une distinction : ou bien le créancier a demandé un fidéjusseur justement pour se garantir contre l'*in integrum restitutio*, ou bien ce n'est pas pour un tel motif que le créancier s'est fait donner une caution. Dans le premier cas, la *restitutio in integrum* prononcée ne libère pas le fidéjusseur ; dans le second, le fidéjusseur peut s'en prévaloir (L. 13, *princ.* ff., *de minor.*; S. R. Pauli, I, IX, § 6 ; L. 95, § 3 ff., *de solut.*; L. 2 C., *de fidej. min.*; L. 25 ff., *de fidej.*; L. 127 ff., V. O. et 6, *eod.*).

Judex esto : Si sestertium decem millia A^us^ N^lo^ accepta non tulisset.

Tum si paret, N^lum^ A^o^ sestertium decem millia dare opotere; etc., etc.

DEUXIÈME PARTIE.

De la violence et du dol.

Ni la violence ni le dol n'étaient, d'apres le *jus civile*, des causes de nullité des conventions. Dans les contrats de bonne foi, chacune des parties pouvait se faire indemniser du préjudice que lui avait causé la violence ou le dol de l'autre, puisque le juge devait examiner *ex æquo et bono*, (L. 7, *princ.*, et § 3; L. 9, *princ.*, *de dol. mal.*; L. 4, *princ.*; L. 6, § 9; L. 13, § 4, 5; l. 30, § 1, *de act. emp. et vend.*, 19, 1; L. 43, § 2; L. 68, § 1, 2, *de contr. empt.*, 18, 1); et de là l'origine de la règle si bien connue ; «Exceptio doli judiciis bonæ fidei inest.»

S'ils s'agissait d'un contrat de droit strict, le seul moyen que les parties eussent en général contre le dol ou la violence fut la *clausula doli*, [1] c'est-à-dire la stipulation «dolum malum abesse et abfuturum» (L. 1, § 4; L. 7, § 3, *de dol mal.*; L. 31, *de recept.*, 4, 8; L. 22, 38, § 13; L. 53; L. 119; L. 120, *princ.*, et § 3 ff. V. O., 45, 1).

Tel fut l'état du droit romain jusque vers l'an 683 de Rome. A cette époque, l'édit Octavien in-

[1] Par exception, le droit civil avait eu égard au dol du tuteur envers son pupille (Loi des XII Tables) et au dol envers les mineurs de vingt-cinq ans (Loi Plétoria).

troduisit l'*actio quod metus causa*, action *in factum*, arbitraire, *in quadruplum*, *rei et pœnæ persecutoria*, donnée contre tout détenteur de la chose extorquée par violence, qu'il en fût ou non complice (voyez Cicéron, in Verrem II, cap. 65). La *formula Octaviana*, dont nous parle Cicéron, n'est autre chose que l'action *quod metus causa*.

L'édit se tait sur la *restitutio in integrum propter metum*. Il résulte de ce silence que l'action créée par le préteur était tout simplement l'action *quod metus causa*, et que ce n'est que plus tard que l'on accorda également la *restitutio in integrum* comme moyen de réparer le préjudice causé dans un contrat passé sous l'influence de la violence. Ici exceptionnellement le préteur a, pour corriger la rigueur du droit civil, introduit une action *in factum*, au lieu d'une action *fictitia*; et cela se comprend facilement quand on songe que le préteur voulait punir sévèrement la violence, et donner contre le détenteur de la chose une action *in quadruplum*.

Il est incontestable que dans le droit romain moderne il y avait une *restitutio in integrum* à côté de l'*actio* et de l'*exceptio quod metus causa*. Cela résulte formellement des lois 9, § 3 et 4; 21, § 6 au titre *quod metus causa*. Digeste, liber IV, titulus II.

Avec l'*actio* et l'*exceptio quod metus causa* concourait donc la R[tio] I[n] I[um], qui avait pour effet de faire délivrer au demandeur une formule construite sur la fiction que l'acte passé sous l'influence de la violence n'avait pas eu lieu.

Je suppose, par exemple, qu'une personne ait vendu et tradé un immeuble à une autre sous l'influence de la violence. Eh bien, le vendeur aura contre l'*accipiens* à son choix ou l'action *quod metus causa*, ou une *condictio sine causa* avec la fiction que la vente n'a pas eu lieu, ou une *rei vindicatio* avec la fiction qu'il n'y a pas eu tradition.

L'action *doli* fut introduite par l'édit Aquilien, vers l'an de Rome 688 (Cicéron, *de natura deorum* III, 30). Mais tandis que la R^tio In I^um concourait avec l'action *quod metus causa* et l'exception du même nom, la R^tio In I^um propter *dolum* n'existait que dans certains cas spécialement prévus[1] (L. 7, § 1, *de in int. res*, 4, 1; L. 1, § 6: L. 7, *princ.*; L. 38, *de dol. mal.*, 4, 2).

Ces cas sont au nombre de trois :

1° Celui d'un jugement rendu sur faux témoignage (L. 33; *de re judi.*, 42, 1).

2° Celui où une partie n'a pu se présenter devant le magistrat par dol de son adversaire (L. 7, § 1, de In I^um R^tione, 4, 1; cbn. avec *princ. eod.*).

3° Celui où un cohéritier voulant défendre son cohéritier, a dit *in jure*, pour ne pas être obligé de fournir caution, qu'il était seul héritier, etc.

Si le défendeur perd le procès, et qu'il soit insolvable, l'*actor* aura une R^tio In I^um contre le jugement (L. 18, *de In. in jure*, 11, 1.) Nous appliquerons la solution de cette loi à toute hypothèse analogue à celle qu'elle prévoit.

[1] L'action et l'exception *doli* n'étaient données que contre la personne même qui avait commis le dol.

TROISIÈME PARTIE.

De l'erreur.

Lorsque l'erreur porte sur la substance même de la chose, elle est exclusive du consentement, et alors la partie qui a commis l'erreur n'a pas besoin d'une R^{ue} In I^{um}. Quand l'erreur, au contraire, ne porte pas sur la substance même de la chose, la victime de l'erreur aura quelquefois la R^{ue} I^{n} I^{um}.

Les cas dans lesquels le préteur accorde la R^{ue} sont spécialement prévus par l'édit : les textes suivants en font mention.

«Gai. IV, 53 et 57, — L. 1, § 1 et 6, ff., *quod fals. tut. auct.*, 27, 6, — L. 2, ff., *de exc. rei judi.* 44, 2; L. 15, ff., *de oblig. et act.*, 44, 7; Gai. IV, 123; —L. 13, *princ.* ff., *de inst. act.* 14, 3, et L. 11. *princ. de excep. rei jud.* — L. 11, § 8, 10 ff., *de inter. in jur.*, 11, 1; — L. 8, § 2, *qui sat. cog.* 2, 8, — L. 21, § 1, ff., *de Snc. Sil.*, 29, 5; L. 17, ff., *de his quæ ut ind.*, 34, 9).»

QUATRIÈME PARTIE

De la Capitis diminutio.

(ff, de Capite minutis. IV, IV.)

Lorsqu'une personne subit la *Capitis diminutio maxima* ou la *Capitis diminutio media*, tous ses droits actifs et passifs passent à son successeur. L. 128, § 1, ff., R. J.; L. 10 § 1, ff.; *de bon. damn.* 48, 20; L. 2, *princ.*; L. 7, § 2, 3, ff., *de cap min.*; L. 10, *princ.* ff., *de bon. damna.* — L. 21. V. S.; L. 14, § 3, ff., *de inter. et relig.*, 48, 22).

La C^{is} D^{o} *maxima* et la C^{is} D^{o} *media* ne pouvaient donc jamais donner lieu à une R^{io} In I^{um} (L. 2, *princ.* h. titul.).

Mais lorsqu'il s'agissait de la C^{is} D° *minima*, comme dans le cas d'adrogation, de *conventio in manum*, l'adrogeant, le *coemptionator*, succédaient aux droits actifs du C^{s} *minutus*, mais non à ses droits passifs. Toutes les créances que les tiers avaient à faire valoir contre l'adrogé ou la femme *in manu* étaient éteintes. Eh bien, pour corriger cette rigueur, le préteur sanctionne les droits de ces créanciers comme s'ils n'étaient pas éteints d'après le droit civil. Et, pour arriver à ce but, il leur délivre une formule à *intentio in jus concepta,* contre le *capite minutus* lui-même, avec cette fiction, qu'il n'y a pas eu de C^{is} D°.

«Si N^{ius} Capite minutus non esset; tum si paret N^{ium} A° sestertium decem millia dare oportere.» (Gai. 3, 84; 4, 38., L. 2, § 1, ff., *de cup. min.* 4, 5).

CINQUIÈME PARTIE

De l'absence.

La sixième C^{s} R^{is} In I^{m} c'est l'absence. Que signifie ce mot absence? Ce mot doit-il être interprété dans un sens restreint; désigne-t-il l'état d'un individu éloigné de son pays *reipublicæ causa?* Ou bien le mot absent s'applique-t-il à la personne éloignée de son pays pour tout autre motif plausible? Ou bien ce mot a-t-il une signification plus large encore, et désigne-t-il la non-présence, je dirai plus, l'empêchement dans lequel s'est trouvée une personne de faire valoir son droit? Pour résoudre cette question, qui n'a pas une minime importance, parce qu'elle préjuge la question de savoir qu'elle est l'étendue de l'application de la *generalis clausula*, pour résoudre cette question, il faut prendre le texte de l'édit qui a introduit cette cause de restitution.

Voici quels en étaient les termes : «Si cujus quid «de bonis, cum is metu, aut sine dolo malo, rei«publicæ causa abesset : inve vinculis, servitute, «hostiumque potestate esset; sive cujus actionis «eorum cui dies exisse dicetur; item si quis quid usu «suum fecisset, aut quod non utendo amisit, con«secutus, actioneve qua solutus ob id, quod dies «ejus exierit, quum absens non defenderetur, inve «vinculis esset, secumve agendi potestatem non fa«ceret, aut quum eum invitum in jus vocari non li«ceret, neque defenderetur, quumve magistratus «de ea re adpellatus esset, sive cui pro magistratu «sine dolo ipsius actio exempta esse dicetur, earum «rerum actionem intra annum quo primum expe«riendi potestas erit, item si qua alia mihi justa «causa esse videbitur, in integrum restituam» etc.

L'édit parle non-seulement d'absence, mais encore d'esclavage, d'emprisonnement. D'où il suit que la R[te] In I[um] était accordée à celui qui la réclamait toutes les fois que ce dernier avait été dans l'impossibilité de faire valoir le droit qu'il avait perdu. Cette solution est d'ailleurs confirmée par les derniers termes de l'édit, c'est-à-dire par la *generalis clausula*, par la loi 26, § 9 h. titul., et par le *princ.* de la loi 1 *eod.*, dans laquelle Ulpien, qui rapporte les termes de l'édit, nous dit : «læsum enim jus per «id tempus, quo quis reipublicæ operam dabat, vel «adverso casu laborabat, corrigitur etc. etc.»

Par exemple : A^{us} a été empêché par un motif plausible d'interrompre l'usucapion qui courait au profit de N^{ius}. L'usucapion s'est accomplie. Si A^{us} s'adresse au préteur, celui-ci lui délivrera la *formula rei vindicationis* avec la fiction que l'usucapion ne s'est pas accomplie.

Si N^{ius} fundum de quo agitur non usucepisset, ou bien, biennio non possedisset, tum si paret hunc fundum A^{i} esse ex jure quiritium. (Inst. de Justin. IV, 5).

DE LA CESSION DE CRÉANCES

D'APRÈS LE DROIT ANCIEN ET D'APRÈS LE DROIT MODERNE.

INTRODUCTION.

L'étude de l'opération juridique, appelée *cession de créances*, présente un intérêt des plus vifs, non-seulement quand on la considère dans notre droit actuel comme satisfaisant à un besoin pratique, mais encore lorsque l'on cherche ce qu'elle a été, et ce qu'elle est devenue aujourd'hui, après avoir passé par les diverses phases de législation, qui, depuis la fondation de Rome ont régi les peuples de l'Europe occidentale. Suivre la marche de l'esprit humain dans cette partie de la science du droit, faire assister le lecteur au développement de la cession, tel est le but que nous nous sommes proposé.

Cet examen, où l'étude de l'histoire de la science du droit se confond avec l'étude de la science elle-même, donnera une preuve de plus que les Romains sont nos maîtres, et que presque toutes les dispositions du Code Napoléon ont leur origine dans les lois romaines.

Nous diviserons donc notre travail en quatre livres.

Dans le premier nous traiterons de la cession d'après le droit romain; dans le second de la cession d'après le droit germanique; dans le troisième nous l'envisagerons sous le rapport de notre droit français ancien; enfin dans un quatrième et dernier livre, nous nous occuperons du droit français moderne.

LIVRE PREMIER.

DE LA CESSION DE CRÉANCES DANS LE DROIT ROMAIN.

CHAPITRE I.

NOTIONS GÉNÉRALES.

Les droits se divisent en deux catégories, en *jura in rem* (droits réels), et en *jura ad rem* ou *in personam* (droits personnels).

On entend par droits réels ceux qui consistent dans une relation directe entre la personne au profit de laquelle le droit existe, et la chose qui en est l'objet. Les droits personnels au contraire consistent dans un lien juridique établi entre la personne investie du droit et une autre personne. Les premiers s'exercent directement sur les choses sans l'intermédiaire d'aucune personne. Les seconds au contraire ne s'exercent sur les choses que par l'intermédiaire de la personne obligée[1]. Celui qui a un droit réel peut aliéner ce droit; car par cette opération il ne modifie en rien la position des tiers. Celui qui est investi d'un droit personnel, ne peut en principe le transférer à un tiers. Le droit personnel, en effet, est le résultat d'une obligation contractée par un individu nommé débiteur vis-à-vis d'un autre individu nommé créancier.

Or, le débiteur s'étant obligé envers une certaine personne, ne peut point par le transport de la créance, transport qui n'est point de son fait, devenir obligé envers une autre. Changer les sujets de l'obligation, c'est éteindre l'obligation elle-même; c'est faire évanouir le *vinculum juris*, c'est détruire la relation.

Pénétrés de ces idées les jurisconsultes romains décidèrent qu'un créancier ne pouvait faire un autre créancier, comme un propriétaire peut faire un autre propriétaire : en un mot, à Rome les créances étaient incessibles (Gai. II, 38, et 38 Ulp. XIX, 14).

A côté de cette conception théorique il y avait des besoins pratiques. On chercha à les satisfaire au moyen de la novation par délégation. Ce fut en vain; car celle-ci présentait un double inconvénient : 1° elle entraînait l'extinction des garanties attachées à l'obligation primitive; or, il pouvait être très-utile de conserver ces garanties, gages ou hypothèques

[1] On désigne aussi le droit réel sous le nom de *droit absolu*, et le droit personnel sous le nom de *droit relatif*. Cependant le droit personnel, qu'on veut qualifier du nom de droit relatif, n'existe pas seulement vis-à-vis de la personne obligée, mais encore vis-à-vis de tout le monde.

qui en assuraient l'exécution ; 2° elle ne pouvait se faire sans le concours du débiteur délégué ; or, il pouvait le refuser, et empêcher ainsi le résultat demandé (L. 18, ff., *de novat.* 46, 2; et L. 1 C., *de novat.* 8, 42).

Sous le système de la procédure formulaire il y eut une innovation importante dérogeant à un principe rigoureux admis dans l'ancien droit, sous l'empire duquel nul ne pouvait se faire représenter dans les actes juridiques, mais où chacun devait y figurer et y agir en personne et pour lui-même[1] (Gai. IV, 82, L. 123, ff., R. J.; 50, 17). Cette innovation consistait en ce que l'on pouvait plaider pour autrui à quatre titres différents, comme *cognitor*, comme *procurator*, comme *tutor* ou *curator*.

Le *cognitor* ne pouvait se constituer que devant le magistrat et en présence de la partie adverse au moyen de paroles solennelles. C'était un véritable

[1] Par exception, on pouvait, dans l'ancien droit romain, plaider au nom d'autrui :

1° *Pro populo*, dans les actions populaires (Gai. IV, 82, verbi gratia, L. 7 ff.; *de juris dict.*, 2, 1).

2° *Pro libertate*, comme *assertor libertatis* (Gai. *eod.*, L. 7 ff., *de liberal. caus.*, 40, 12).

3° *Pro tutela* (Gai. I, 184).

4° *Pro captivis ex lege Hostilia.* D'après la *lex Hostilia*, l'*actio furti* pouvait être intentée au nom de ceux qui étaient retenus chez l'ennemi ou qui étaient absents *reipublicæ causa*, et au nom des pupilles qui se trouvaient sous la tutelle de ces personnes (*Inst.*, *princ.*, 4, 10).

5° *Pro peregrinis ex legibus repetundarum* (M. Tullius Cicero, *in Cæcilium divinatio*, n° xx).

représentant; il était *domini loco* (Gai. IV, 97). Ce qui était jugé avec lui liait le représenté. C'était le principal *dominus*, qui avait l'*actio judicati* si le *cognitor* avait triomphé; c'était aussi contre lui qu'elle était donnée, s'il avait succombé. En un mot, dans toute la procédure le *cognitor* n'apparaissait que comme simple représentant (Vatic. frag., n° 317, Gai. IV, 97).

En présence des conditions gênantes, impraticables souvent, exigées pour la constitution du *cognitor*, on admit à côté de celui-ci d'autres représentants judiciaires, les *procuratores*, qui pouvaient être créés sans aucune parole solennelle, hors de la présence de l'adversaire et du magistrat. Le *procurator* était un simple mandataire, qui agissait en son propre nom, à ses risques et périls. Il ne représentait pas le mandant. C'est lui qui devenait *dominus litis*, et qui prenait à sa charge les suites du procès et de la sentence qui en principe restaient étrangères au mandant (L. 22 et 23, C. *de procur.*, 2, 13). Aussi le *procurator* était-il obligé de fournir caution que le maître ratifierait (Gaius IV, 84 et 98).

Le mandat *ad litem* (car tel était le nom du mandat donné à notre *procurator*,) offrait un moyen facile et sûr de transmettre non l'obligation elle-même, cela eût été contraire à l'essence du droit, mais au moins son exercice et par là son émolument. Celui qui voulait céder sa créance à un tiers, nommait ce tiers son mandataire, pour exercer son action contre le débiteur. Le cessionnaire n'était donc qu'un *procurator*. Mais, comme au fond, il exerçait l'action, non pour le compte du mandant, mais pour son propre compte, et que le profit devait lui en rester, les jurisconsultes romains l'appelaient *procurator in rem suam* (ff., *de hered. v. a. v.*; 18, 4. L. 30 ff., *de proc.* 3; 3 L. 6 C. *de oblig. et act.*, 4, 10).

La rédaction de la formule délivrée au *procurator* ordinaire, ou au *procurator in rem suam*, nous est indiquée par Gaius au § 86 de son 4ᵉ commentaire. Comme le droit était attaché à la personne même des véritables parties, c'était leur nom qui figurait seul dans l'*intentio*. La *condemnatio* était libellée au nom du *procurator*, puisque c'était envers lui que le défendeur devait être condamné.

CHAPITRE II.

DU DÉVELOPPEMENT DE LA CESSION DE CRÉANCES.

A. Le créancier, qui voulait faire passer sa créance à un tiers, donnait donc à celui-ci mandat d'exercer son action contre le débiteur.

Ce mandat donné au *procurator in rem suam* était soumis aux mêmes règles que le mandat ordinaire : il n'en différait qu'à un seul point de vue, le *procurator in rem suam* n'était pas tenu de rendre compte à son mandant. Mais à part cette différence, il y avait une assimilation complète à faire entre le *procurator in rem suam* et le mandataire ordinaire. Ainsi le mandat donné au *procurator in rem suam* était révocable *ad nutum* (L. 16 ff., *de proc.* 3, 3); il s'éteignait par la mort du mandant, comme par celle du mandataire (Gai. III, 160. L. 15, C. 4, 35).

Bien plus, le débiteur pouvait lui-même le rendre illusoire en payant au cédant qui restait toujours créancier et qui, en acceptant le paiement, révoquait par cela même virtuellement le mandat qu'il avait donné. Telle était la position du *procurator* jusqu'à la *litis contestatio*. Celle-ci, opérant novation, fixait irrévocablement sur la tête du *procurator* le droit appartenant au mandant. Désormais le *procurator* restait *dominus litis;* les poursuites pouvaient être continuées malgré la mort du mandant (L. 23 C. 2, 13, *de procur.*), malgré celle du mandataire; bien plus, le *procurator* pouvait lui-même se substituer un *procurator* (L. 8, § 7, *mand. v. cont.* 17, 1).

En résumé, à l'époque où nous sommes arrivé, le créancier avait deux voies pour aliéner sa créance, la novation par délégation et le mandat *ad litem*. La délégation donnait au délégataire un droit stable et indépendant; mais elle avait deux inconvénients très-graves. Elle exigeait le concours du débiteur et entraînait la perte des accessoires de la créance. Le mandat se faisait sans le concours du débiteur; il conservait à la créance les garanties précieuses dont elle pouvait être munie; mais il ne conférait au *procurator* jusqu'à la *litis contestatio* qu'une position précaire et incertaine.

B. Il fallait améliorer la condition du *procurator in rem suam*, et la rendre déjà dès avant la *litis contestatio* indépendante de la volonté du cédant. Aussi une constitution de Gordien, rendue en l'an 240, vint-elle au secours du *procurator in rem suam*, en décidant que le cessionnaire pouvait rendre son mandat irrévocable avant la *litis contestatio*. Le cédant restait toujours créancier; mais l'Empereur Gordien lui défendait de révoquer le mandat donné au *procurator in rem suam*, non-seulement s'il y avait eu *litis contestatio* du chef du cessionnaire, mais encore si le cessionnaire avait déjà touché une partie de la dette, ou si le cessionnaire avait fait connaître la cession au débiteur (L. 3 C., *de novat. et deleg.*, 8, 42).

Cette notification ou dénonciation dont nous venons de parler, comme troisième moyen d'imprimer au mandat donné au *procurator in rem suam* un caractère d'irrévocabilité, devait être un acte formel émané du cessionnaire. Elle pouvait d'ailleurs consister dans une citation en justice, une interpellation, une déclaration, dont le cessionnaire pouvait demander l'acceptation au débiteur et dont il était toujours admis à rapporter la preuve. Mais la connaissance indirecte, que le débiteur cédé avait acquise de la cession, ne suffisait pas pour dessaisir le cédant. On a cependant contesté notre solution; on a soutenu que la connaissance indirecte que le débiteur pouvait avoir de la cession tenait lieu de dénonciation; et, pour le décider ainsi, on a argumenté de la loi 17 ff., *de transac.*, 2, 15). Voici ce que porte cette loi : «venditor hereditatis, emptori mandatis actionibus, «cum debitore hereditario, qui ignorabat venditam «esse hereditatem, transegit : si emptor hereditatis «hoc debitum ab eo exigere velit, exceptio trans«acti negotii debitori propter ignorantiam suam ac«commodanda est, etc. etc.» Il ressort de cette loi, dit-on, que si un héritier avait fait cession de son droit d'hérédité et qu'il opérât ensuite une transaction avec un débiteur héréditaire, celui-ci pouvait repousser l'action du cessionnaire par l'exception de transaction, s'il avait ignoré la cession. D'où, dit-on, résulte *e contrario,* que si le débiteur avait eu connaissance de la cession, il n'avait par l'*exceptio transacti negotii,* c'est-à dire, en d'autres termes, que cette connaissance acquise de la cession le liait irrévocablement au cessionnaire. Nous ne saurions partager cette manière de voir. La loi 17 précitée ne peut s'expliquer isolément; il n'en résulte pas que si le débiteur avait eu connaissance quelconque de la cession, il ne pouvait opposer au cessionnaire l'*exceptio transacti negotii;* en un mot, elle ne déterminait pas les conditions d'application de la constitution de Gordien. Tant s'en faut ! ! ! Elle se référait à cette constitution qui portait formellement que le droit du cédant n'était paralysé que par une notification de la cession faite par le cessionnaire au débiteur cédé. L'argument *e contrario* qu'on a voulu tirer de la loi 17, *de transact.,* n'a donc aucune valeur.

Ainsi, à partir de la constitution de Gordien, on s'attachait moins à la nature de l'opération qui avait eu lieu entre le *procurator in rem suam* et son mandant, qu'au but qu'on avait voulu atteindre par cette opération. Ce n'était plus seulement la *litis contestatio*, mais c'était le paiement partiel; bien plus, c'était même la dénonciation faite au débiteur qui protégeait le *procurator,* qui le sauvegardait contre les actes du mandant, contre ceux du débiteur.

C. Les empereurs romains continuèrent à imprimer au mandat donné au *procurator in rem suam* un caractère tout à fait particulier; et leur pensée se traduisit clairement par la faculté qu'ils accordèrent au *procurator* d'agir à son choix contre le débiteur, soit *utiliter* de son chef, soit comme *procurator in rem suam* du chef du cédant (L. 5, C., *de hered. v. a. v.*, 4, 39).

Tout n'était cependant pas fait encore. La mort du mandant ou celle du *procurator* arrivée avant la *litis contestatio*, éteignait le mandat *ad litem*. Eh bien, les empereurs finirent par considérer définitivement le cessionnaire comme un *procurator sui generis*. Si le cessionnaire mourait avant la *litis contestatio*, ses héritiers avaient une action utile pour poursuivre les débiteurs comme s'ils étaient eux-mêmes mandataires (L, 7 et 8, C., *de hered. v. a. v.*, 4, 39). Et réciproquement le cessionnaire obtint le droit de continuer les poursuites, bien que le cédant fût mort avant la *litis contestatio* (L. 1, C., *Oblig. et Act.*, 4, 10).

On ne s'arrêta pas dans cette voie, et pour toute espèce de convention qui devait avoir pour effet d'obliger l'une des parties à constituer l'autre *procurator in rem suam*, le mandat fut même sous-entendu, et l'action utile accordée, comme si en réalité le mandat était intervenu (L. 16 ff., *de pact.*, 2, 14). Des actions utiles furent ainsi données successivement au cessionnaire d'une hérédité d'abord, au créancier auquel une créance avait été donnée en gage ensuite (L. 4, C., *qu. r. pig.*, 8, 17), à l'acheteur d'une créance (L. 1 et 7, C., *de Oblig. et*

Act., 4, 10), au mari qui avait reçu une créance en dot (L. 2, C., *Oblig. et Act.*), à celui qui avait accepté une créance en paiement (L. 5, C., *quand. fisci vel priv.*, 4, 15), au légataire d'une créance (L. 18, C., *de legatis*, 6, 37). Justinien accorda enfin l'action utile au donataire d'une créance (L. 33, C., *de donat.*, 8, 54).

Dans le dernier état du droit romain il y avait donc cession toutes les fois qu'une personne avait obtenu, en vertu d'une convention ou d'une disposition de la loi, le droit d'exiger d'une autre qu'elle fît tourner à son profit une créance qui lui compétait contre un tiers. Le cessionnaire était toujours le mandataire du cédant, soit qu'il agît *procuratorio nomine*, soit qu'il agît *utiliter* de son chef. Mais le mandat qui lui était donné était *sui generis*. Ce mandat, en effet, ne s'éteignait plus par la mort du mandant, ni par celle du mandataire; il devenait d'ailleurs irrévocable, non-seulement à partir de la *litis contestatio*, mais encore à partir du paiement partiel de la dette ou de la *denuntiatio* faite par le cessionnaire au débiteur cédé.

CHAPITRE III.

DU CARACTÈRE DE LA CESSION DE CRÉANCES.

Le cessionnaire d'une créance n'était chez les Romains qu'un mandataire, et la cession n'était qu'un mandat donné à une personne à l'effet d'exercer les droits et actions qui compétaient au mandant. Or, comme ce mandat avait pour cause l'obligation contractée par le créancier de céder ses droits et actions à un tiers, la cession était aux créances, ce que la tradition était aux choses corporelles, c'est-à-dire l'exécution de la convention passée entre le créancier et son cessionnaire. Il fallait donc distinguer soigneusement en droit romain la vente[1] d'une créance d'avec la cession de cette créance[2].

Si la cession n'était qu'un mandat chez les Romains, et le cessionnaire qu'un mandataire, ce mandat était devenu dans le dernier état du droit, d'une nature tout à fait particulière. Le cessionnaire, en effet, pouvait dès l'instant où la cession était parfaite, par une *denuntiatio* faite au débiteur, fixer irrévocablement la créance sur sa tête. De plus, ni la mort du mandant, ni celle du mandataire ne mettaient fin à ce mandat. Aussi des auteurs très-recommandables, perdant de vue la nature même de la cession, pour ne s'attacher qu'aux effets qu'elle produisait, en fait, dans le dernier état du droit romain, ont-ils décidé que, dans le droit de Justinien, le cessionnaire n'était plus, vis-à-vis du cédant, un mandataire, mais un successeur à titre particulier, dont la position était aussi indépendante du cédant que l'est celle d'un acquéreur d'une chose corporelle de son auteur.

[1] Ou tout autre contrat par lequel une personne s'était obligée à céder à une autre ses droits et actions contre un tiers.

[2] «Cedere, id est actionem mandare et præstare» (L. 23 ff., *de h. v. a. v.*, 18, 4; L. 14, *quæ in fraud. cred.* ff., 42, 8; L. 18 ff., *ad leg. Aquil.*, 9, 2; L. 63 ff., *de R. V.*, VI, 1).

Mais la nature d'une opération juridique devant se déterminer d'après les caractères qui lui sont propres et qui la distinguent d'autres opérations, et non d'après les effets qu'elle produit, nous avons cru devoir admettre que, dans le droit de Justinien, la cession n'était toujours qu'un mandat, même dans les rapports du cédant et du cessionnaire (voy. d'ailleurs L. 47, § 1 ff., *de neg. gest.*, 3, 5).

CHAPITRE IV.

DES CRÉANCES CESSIBLES.

Le principe général en droit romain était que toutes les créances étaient cessibles, sans que l'on eût à s'occuper de la diversité de leurs causes, de leurs effets, ou de leur objet. Ainsi on pouvait céder les créances nées de la violation ou de la revendication d'un droit réel, tout aussi bien que celles dont la source était un contrat ou un délit, un quasi-contrat, ou un quasi-délit. Ainsi les obligations à terme, conditionnelles, alternatives, étaient cessibles comme les obligations pures et simples (L. 17, 19, *de her. v. a. v.*, 18, 4). Une obligation naturelle pouvait être cédée comme une obligation civile (L. 40 *princip.* ff., *ad Snc. Trebll.*, 36, 11).

Cette règle de la cessibilité des créances n'était cependant pas tellement absolue qu'elle ne dût subir une limitation notable en certains cas. On peut grouper en deux grandes classes les cas exceptionnels dans lesquels les créances étaient incessibles.

La première classe comprenait les créances, dont l'incessibilité était fondée sur un principe général ou sur la nature de la créance; la seconde, celles qui avaient été déclarées incessibles par une disposition spéciale de la loi.

Dans la première classe il fallait ranger :

1° Les droits et créances qui ne faisaient pas partie du patrimoine. C'étaient :

α. Les actions populaires, que tout le monde pouvait intenter, et qui avaient pour objet l'intérêt général. (L. 5 ff., *de popul. act.* (47, 23), et L. 42, ff., *de procur.* (3, 3).

β. Les actions, *quæ vindictam spirant;* car avant la *litis contestatio* ces actions n'étaient pas *in bonis* (28, ff., *de injur.* 47, 10; L. 32, *princ.* ff., *ad leg. falc.* 35, 21). Parmi les actions, *quæ vindictam spirant*, nous citerons l'*actio injuriarum*, l'action en révocation d'une donation pour cause d'ingratitude, et la *querela inofficiosi testamenti;* (L. 7, C. et 10, *eod.* ff. *de rev. donat.*, 8, 56, et L. 8, *princ.* ff., *de querel. inoffic. test.* 5, 2).

2° Les créances que la loi, la nature du droit, ou la volonté de l'homme avait attachées à la personne. Ainsi étaient incessibles les *operæ libertorum officiales* (L. 9, ff.. *de oper. liber.* 38, 1), les créances d'aliments léguées par testament, (L. 18, ff., *de transact.* 2, 15, et L. 23, § 2, ff., *de condict. indeb.* 12, 6).

Les droits, qui étaient l'accessoire d'un autre droit, pouvaient être cédés indépendamment de la créance principale. Mais l'obligation accessoire produisait entre les mains du cessionnaire identiquement les mêmes effets qu'elle eût produits entre les mains du cédant. Par exemple : Primus devait 1000 à Secundus, et Tertius avait cautionné l'obligation de Primus; eh bien, rien n'empêchait Secundus de céder à Quartus l'action qu'il avait contre Tertius, sans qu'il eût besoin de lui céder également celle qui lui compétait contre Primus. Et on aurait objecté en vain, qu'on ne pouvait détacher l'accessoire du principal, que Tertius avait cautionné la dette de Primus et non celle de Quartus. Cette objection n'eût pas été fondée, car le cessionnaire, n'étant qu'un *procurator*, exerçait l'action, née du cautionnement, au nom et à la place du cédant. [1]

Nous sommes arrivé maintenant à la seconde classe des créances incessibles.

Les constitutions 2 et 4 Code *de litigiosis* (8, 37) avaient déclaré incessibles les créances litigieuses. Toute créance était litigieuse à partir de la *litis contestatio*.

Les lois 2 et 4 *de litigiosis* n'étaient que l'application du principe plus général d'après lequel tout objet litigieux devenait inaliénable (Gai. IV, 117).

[1] Dans l'hypothèse que nous prévoyons, si la caution payait au cessionnaire, le débiteur principal, Primus, était libéré. Et *vice versa*, si le débiteur principal payait au cédant, le cautionnement était éteint *(accessorium sequitur principale)*. La caution pouvait d'ailleurs opposer au cessionnaire le bénéfice de discussion, comme elle pouvait l'opposer au cédant. Et ainsi dans le droit Justinien, où fut introduit ce bénéfice, la cession de l'obligation accessoire ne pouvait être utile au cessionnaire que si le débiteur principal était insolvable ou absent.

La constitution 2 qui prohibait la cession de créances litigieuses émanait de Constantin. Justinien modifia cette constitution par une distinction importante (L. 4 C. *de litig.*) Ou bien, le cessionnaire connaissait le caractère litigieux de l'objet incorporel qu'il s'était fait céder, et alors non-seulement il y avait nullité de la cession, mais encore le prix en était versé entre les mains du fisc; ou bien il était de bonne foi, et alors la cession était encore comme non-avenue, mais l'acheteur de la créance avait le droit de demander à son auteur le remboursement du prix, et en outre le tiers du montant de ce prix, à titre de peine, pour l'*abscondita machinatio,* dont le vendeur s'était rendu coupable.

La règle, posée par Constantin dans la constitution *de litigiosis,* n'admettait aucune exception. Justinien modifia cette règle. Il permit la cession de droits litigieux, 1° lorsqu'elle était faite à titre de dot ou de *donatio propter nuptias;* 2° lorsqu'elle était faite à titre de legs ou de fidéicommis; 3° lorsqu'elle avait pour but d'arriver à une transaction ou à un partage.

Ces exceptions admises par Justinien étaient fondées sur l'idée que dans les hypothèses, où elles recevaient application, les motifs de la cession étaient très-légitimes et excluaient toute idée de spéculation.

CHAPITRE V.

DES PERSONNES CAPABLES DE FAIRE OU D'ACCEPTER UNE CESSION.

Toute personne capable de contracter pouvait faire ou accepter une cession. Tel était le principe. Mais ce principe était soumis par le droit romain à différentes exceptions, dont les unes avaient leur base dans le caractère de mandat que revêtait la cession, et les autres dans des motifs d'ordre public.

Étaient incapables de faire une cession :

1° Les esclaves même quand ils avaient la libre administration de leur pécule. Ne pouvant exercer eux-mêmes aucune action, ils ne pouvaient par conséquent en déléguer l'exercice (L. 33 ff., *de procur*. 3, 3).

2° Les infâmes (*Inst.*, Justinien IV, 13 § 11, L. 6, *de procur*. C., 2, 13); et en effet ces personnes ne pouvaient se faire représenter en justice.

3° Le cessionnaire ne pouvait à l'origine, avant la *litis contestatio*, céder lui-même l'action à un tiers (L. 8, § 3, ff., mand. V. C., 17, 1). Après l'introduction des actions utiles, le cessionnaire pouvait toujours se substituer un second cessionnaire.

Étaient incapables de se rendre cessionnaires :

1° Les infâmes (L. 1, § 8, ff., *de post.*, 3, 1). R. S. Paul I, 2 § I. *Vatic. frag.*, § 324).

2° Les femmes et les soldats (L. 54, ff., *de procur*,). Toutefois on avait fini par admettre que les soldats pouvaient agir *procuratorio nomine*, pourvu que ce fût dans leur propre intérêt, c'est-à-dire qu'on leur permit d'être *procuratores in rem suam* (L. 8, § 2, ff., *de proc.*).

3° Les muets et les sourds (L. 43 ff., *de procur.*).

4° Les aveugles qui ne pouvaient postuler *pro aliis* (L. 1 ff. *de post.*).

5° Les *potentiores* (L. 1 et 2 C., *ne liceat potent.*, 2, 14).

La loi ne disait pas ce qu'elle entendait par *potentior*. On devait considérer comme tel quiconque était en état d'exercer une influence fâcheuse sur la défense du débiteur par sa position sociale, son crédit, son pouvoir. C'était donc une question de fait laissée à l'appréciation du juge.

La sanction de la prohibition des lois 1 et 2 au Code *ne lic. poten.*, était la nullité de la cession et la libération du débiteur «debiti creditores jactura multentur» (argt. *a pari* tiré de la loi 3 ff. *de litig.*, 44, 6, et de la Novelle 72 qui statuaient sur des cas analogues).

6° Les tuteurs et curateurs ne pouvaient se rendre cessionnaires d'une créance sur la personne soumise à leur tutelle ou curatelle. Cette incapacité provenait de la juste crainte qu'on pouvait avoir que ces personnes ne fissent disparaître frauduleusement la preuve de la libération du débiteur.

On n'avait pas à rechercher si c'était pendant ou après la tutelle ou la curatelle que la cession avait eu lieu ; il suffisait que la dette eût existé déjà lors de la tutelle ou de la curatelle, pour que le tuteur ou le curateur fût incapable de s'en rendre cessionnaire (Novel. 72, cap. V, § 18).

Une cession faite au mépris de la Novelle 72

éteignait la dette du pupille. Le tuteur ou le curateur n'avait même pas de recours contre son cédant.

La cession d'une créance faite au fils contre son père, ou celle faite au père contre le fils était parfaitement valable, seulement elle ne produisait effet qu'à la cessation de la puissance paternelle.

CHAPITRE VI.

DES OBLIGATIONS RÉCIPROQUES DU VENDITOR ET DE L'EMPTOR NOMINIS. [1]

§ I. *Des obligations du venditor nominis.*

Pour déterminer les obligations que le *venditor nominis* avait à remplir vis-à-vis de l'*emptor*, il fallait distinguer deux époques, le droit antérieur à Justinien, et le droit de Justinien.

A. Dans le droit antérienr à Justinien, à l'époque de la procédure formulaire, où par le mandat *ad litem*, on avait découvert le moyen de céder indirectement les droits d'obligation, celui qui s'était engagé à faire passer une créance qui lui appartenait sur la tête d'un tiers, moyennant un prix déterminé en argent, se soumettait par cela même à l'obligation de donner à ce tiers mandat d'exercer

[1] Les explications données dans ce chapitre, paragraphe I, ne s'appliquent pas seulement à la vente d'une créance, mais à toute convention à titre onéreux par lequel une personne avait disposé d'un droit d'obligation.

l'action principale née de la créance, et les actions accessoires.

Ainsi le *venditor nominis* était soumis aux obligations suivantes :

1° Il devait constituer l'emptor *procurator* à l'effet d'exercer toutes les actions relatives à la créance cédée. Il devait donc lui donner le mandat nécessaire pour exercer l'action principale, ainsi que les actions accessoires, telles que les actions hypothécaires, actions contre les fidéjusseurs (L. 23, *de h. v. a. v.*, ff., 18, 4); lui remettre les *instrumenta* (titres), en un mot tout ce qui pouvait être utile à l'*emptor* pour lui procurer l'émolument de la créance.

2° Il devait lui-même s'abstenir de faire toute poursuite contre le débiteur, ou de recevoir paiement de ce dernier. S'il contrevenait à cette obligation, s'il recevait quelque chose du débiteur, soit directement, soit indirectement par voie de compensation, il était forcé de le restituer à l'*emptor* (L. 23, § 1, ff., *de h. v. a. v.*, 18, 4).

3° Il était tenu de garantir l'efficacité juridique de la créance. Nous parlerons en détail de cette troisième espèce d'obligation sous la lettre B.

B. Dans le droit de Justinien où l'*emptor* avait les actions utiles, indépendamment de tout mandat formel donné par le *venditor*, parce que ce mandat existait *vi ipsa legis*, qu'il était sous-entendu dans tout acte par lequel une personne disposait au profit d'une autre d'un droit de créance, les obligations du *venditor* se réduisaient à la garantie et à la délivrance des titres qui constataient l'obligation.

En matière de vente de choses corporelles, le vendeur était tenu de garantir à l'acheteur la paisible jouissance de la chose vendue. En matière de vente de créances, l'obligation de garantie était beaucoup moins étendue. Le *venditor* ne répondait pas de la solvabilité du débiteur (L. 4 et 5, *h. v. a. v.*, ff., 18, 4); son obligation se bornait à la garantie de l'efficacité juridique de la créance [1].

Si le *venditor* avait vendu une créance qui n'existait pas, le contrat était nul faute d'objet; l'*emptor* avait alors contre le *venditor*, non pas l'action *empti*, mais une *condictio sine causa* pour la restitution du prix [2].

Si la créance vendue existait, mais que l'action qui y était attachée fût paralysée par une exception perpétuelle, comme dans cette hypothèse il y avait une vente, l'acheteur avait contre le *venditor* un recours en garantie par l'action *empti* (L. 10 et 108 ff., V. S., 50, 16; L. 20, § 3, *de libe caus.* ff., 40, 12; L. 5 ff., *de h. v. a. v.*, 18, 4).

Pour déterminer l'étendue de ce recours, il fallait faire une distinction. Ou bien la somme formant le montant de la créance avait été déterminée dans le contrat, et alors le vendeur était tenu de payer à l'acheteur toute cette somme avec les dommages-intérêts; ou bien la vente avait eu pour ob-

[1] Par l'obligation de garantie, le vendeur ne répondait pas de l'existence même de la créance. Et, en effet, si la créance cédée était inexistante, il n'y avait pas de vente possible, et par conséquent pas d'action en garantie non plus.

[2] Voyez L. 7 ff., *de h. v. a. v.*, 18, 4, et argt. de cette loi.

jet une créance dont le montant était indéterminé, alors le vendeur ne devait payer à l'*emptor*, avec les dommages-intérêts, que ce dont celui-ci aurait profité, si la créance avait été efficace entre ses mains (L. 4 et 5 ff., *de h. v. a. v.*).

Quant aux accessoires de la créance, tels que gages, hypothèques, cautionnements, le vendeur n'était responsable de leur inexistence que dans le cas où il en avait fait expressément mention dans le contrat de vente. Et en effet, ces accessoires n'étaient autre chose que des qualités de la créance, et le vendeur ne pouvait être tenu du défaut de ces qualités, que s'il avait dit formellement que le droit d'obligation en était revêtu (L. 66, *princ.* ff., *de cont. empt.*, 18, 1; L. 75 ff., *de evict. et dupl. stip.*, 21, 2).

L'action que l'acheteur avait contre le vendeur dans le cas où celui-ci était responsable de l'inexistence des accessoires de la créance, c'était l'*Actio æstimatoria* ou *quanti minoris* (L. 61 ff., *de ædil. edict.*, 21, 1; et L. 15, § 1, *de evict.* ff., 21, 2), qui tendait à une réduction du prix.

Si le *venditor* s'était engagé à répondre de la solvabilité du débiteur, cette clause extensive de l'obligation de garantie produisait certainement effet; mais une pareille convention, dérogatoire au droit commun, devait s'interpréter d'une manière restrictive, et ainsi la promesse de garantir la solvabilité ne s'entendait que de la solvabilité actuelle et ne s'étendait pas au temps à venir. De même que les parties pouvaient étendre les effets de l'obligation de garantie, elles pouvaient également les restreindre. Ainsi, si les parties étaient convenues que le vendeur n'était pas tenu de l'obligation de garantie, celui-ci ne devait, en cas d'éviction, payer à l'acheteur que le prix de vente sans dommages-intérêts. Bien plus, la restitution même du prix n'était pas imposée au vendeur, si l'acheteur avait eu connaissance de l'exception péremptoire qui devait paralyser l'action attachée à la créance (L. 53 ff., R. J., 50, 17).

Remarquons maintenant pour finir ce paragraphe, que dans le cas où la créance avait été vendue comme incertaine, il ne pouvait jamais être question de restitution de prix (L. 10 et 11, *de h. v. a. v.*).

§ II. *Des obligations de l'emptor nominis.*

La principale obligation de l'*emptor nominis* était de verser le prix de vente entre les mains du *venditor* et de lui en transférer la propriété.

En second lieu, l'acheteur d'une créance devait en outre les intérêts du prix à partir du jour de la cession[1] :

1° Si les parties avaient mis cette obligation à sa charge ;

2° Si la créance vendue était elle-même productive d'intérêts. «Item usuræ pretii post diem tradi-«tionis, id est cessionis in nostra hypothesi, quia

[1] Nous disons, à partir de la cession, et non pas à partir de la vente, parce que, en droit romain, la cession équivalait à la tradition de la créance, et était par conséquent l'exécution du contrat de vente.

«cessio est quasi-traditio, nam cum re emptor frua-«tur, æquissimum est eum usuras pretii pendere» (L. 13, § 20 et 21, *de act. emp. et vend.* ff., 19, 1; S. Paul, 2, 17, § 9. Vatic. frag., § 2).

L'*emptor nominis* était encore tenu des intérêts du prix en cas de mise en demeure.

Si la créance était munie d'un gage, l'acheteur, qui était actionné en revendication par un tiers, devait dénoncer l'attaque au *venditor* en temps suffisant pour qu'il pût y répondre : Cette dénonciation est appelée par les textes «*litem denuntiare ; auctorem laudare*[1]» (L. 29, § 2 ff. *de evic.* 21, 2; L. 51 § 1; 53, § 1; 55, § 1; 56, § 4-7, ff., *eod.*, et L. 1, C. 2, *ubi in rem* 3, 19). Ce n'est qu'en faisant cette *denuntiatio* que l'*emptor nominis* conservait contre le débiteur l'action *pigneratitia contraria*, et subsidiairement l'action *quanti minoris* contre son vendeur.

CHAPITRE VII.

DES EFFETS DE LA CESSION.

§ I *De la position conférée par la cession au cessionnaire vis-à-vis du débiteur.*

Dans ce paragraphe, nous avons trois questions à résoudre, la première, si le cessionnaire pouvait

[1] L'expression «*auctorem laudare*,» qui se traduit par les mots : «sommer son garant,» se rencontre dans la Loi 63, § 1, *de evict.* ff., Modestin ; dans une Constitution d'Alexandre, au Code, L. 7, *de evict.*, 8, 45, et dans une Constitution de Gordien, 14, *eod.*

faire valoir la créance avec les garanties accessoires stipulées par le cédant; la seconde, si les avantages attachés à la créance par la loi, c'est-à-dire les *beneficia legis*, les *privilegia* passaient également au cessionnaire; la troisième, si le cessionnaire pouvait user vis-à-vis du débiteur cédé des *privilegia* nés dans sa personne.

A. La première question est sans difficulté aucune. Incontestablement le cessionnaire avait, comme le cédant lui-même, l'action *ex stipulatu* contre les fidéjusseurs (L. 23, ff., *de h. v. a. v.* 18, 4.), et l'action *quasi-servienne* contre les tiers détenteurs d'immeubles hypothéqués pour sûreté de la créance (L. 18. C. *de h. vel. a. v.* 4, 39, et L. 7, C. *Oblig. et Act.* 4, 10).

B. α. Pour résoudre la seconde question, qui à la différence de la première est on ne peut plus délicate, on a longtemps recherché si le cessionnaire agissait *procuratorio nomine* ou *suo nomine* en vertu de l'action utile. Dans le premier cas, a-t-on dit, il pouvait se prévaloir de tous les *beneficia legis,* dans le second cas, il ne pouvait jamais les invoquer, puisqu'en agissant *utiliter* de son chef, il n'était point le *procurator* du cédant.

Nous avons déjà réfuté cette distinction *supra* Chapitre III, quand nous avons démontré que le cessionnaire n'était que le mandataire du cédant, soit qu'il agît par l'action directe, soit qu'il intentât l'action utile.

β. Dans un second système, on distingue entre les *privilegia causæ* ou priviléges appartenant au cédant en raison de la nature de la créance, et les *privilegia personæ* ou priviléges appartenant au cédant en raison d'une faveur accordée personnellement à ce dernier.

Les premiers seuls, dit-on, passaient au cessionnaire. Les seconds étaient si étroitement liés à la personne qu'ils ne passaient point à l'héritier, et à plus forte raison à un simple acheteur (L. 19 ff., *de r. au. jud.*, 42, 5; L. 42 ff., *de adm. tut.*, 26, 7; cnf. L. 68, R. J., 50, 17; L. 196 ff. *eod.*; L. 5 C. *de h. v. a. v.*, 4, 39).

Nous ne saurions partager cette manière de voir. D'abord de ce que le *privilegium personæ* ne passait point aux héritiers, il ne s'ensuivait pas que le cessionnaire ne pût s'en prévaloir pendant la vie du cédant. En second lieu, la distinction proposée était rejetée formellement par deux lois, la loi 24 ff. *princ. de minor.*, 4, 4, et les lois 43 ff. *de usuris*, 2 C. *de his qui in prior*. La première permettait au cessionnaire majeur de se prévaloir de la R^tio^ I^n^ I^um^ dans le cas où le cédant mineur avait pu le faire; et les deux autres décidaient formellement que le droit exorbitant qu'avait le fisc d'exiger des intérêts pour toutes les créances, quand bien même il n'était intervenu aucune stipulation à cet égard (L. 17, § 5 ff. *de usur.*), se transmettait au cessionnaire, et cependant il est impossible de nier qu'il ne s'agît dans ces lois de la transmission au cessionnaire d'un *privilegium personæ*.

γ Le cessionnaire était le mandataire du créancier et par conséquent il devait pouvoir faire valoir la créance absolument comme le cédant l'eût fait valoir (L. 2, *h. v. a. v.*, 18, 4; L. 8, C. *eod.*, 4, 39).

Mais si le cessionnaire était le mandataire du cédant, il n'en était pas moins vrai que l'émolument de la créance devait lui rester; car il était *procurator in rem suam*. Pour arriver à une solution il faut donc combiner ces deux idées, et c'est de cette manière qu'on parvient à la conciliation des textes qui au premier abord semblent contradictoires.

Or voici quelle est notre opinion sur cette question : «le cessionnaire pouvait invoquer tous les *beneficia legis* comme le cédant lui-même, s'ils se rattachaient à la créance par une liaison étroite et s'ils formaient déjà un droit acquis dans le patrimoine du cédant.»

Justifions cette opinion par des exemples :

Nous avons dit plus haut que sans stipulation le fisc avait le droit d'exiger des intérêts de ses débiteurs. Eh bien, si le fisc venait à céder sa créance, les intérêts échus pouvaient être réclamés par le cessionnaire; mais celui-ci n'avait point, sans stipulation, droit aux intérêts à venir (L. 68 *de R. J.*).

Le tuteur qui avait obtenu la cession d'action contre ses cotuteurs ne jouissait pas du *privilegium exigendi* accordé au pupille. Quel était, en effet, l'état de la créance du pupille au moment où s'opérait la cession? Au moment de la cession, la créance n'avait point encore de qualité spéciale; malgré l'existence du *beneficium exigendi*, dont le pupille ne jouissait que conditionellement, pour le cas où il était en concours avec d'autres créanciers. D'où il résultait que le cédant n'avait point encore de droit acquis et que le *privilegium exigendi* ne pouvait point passer au cessionnaire (L. 42 ff., *de adm. tut.*, 26, 7).

Les *privilegia* qui se rapportaient uniquement à la procédure sans avoir trait à la créance ne passaient jamais au cessionnaire; tels étaient les *privilegia fori*, le *privilegium de non appellando*.

C. La troisième question que nous avons à résoudre dans ce paragraphe consiste à savoir si le cessionnaire pouvait user, vis-à-vis du débiteur, des *privilegia* nés dans sa personne.

Puisque le cessionnaire était le *procurator* du cédant, il ne pouvait se prévaloir de ses priviléges personnels (L. 156, R. J., cnf. L. 5, C., 4, 39). Mais comme le cessionnaire en faisant valoir la créance, exerçait l'action dans son propre intérêt, il pouvait se prévaloir des *privilegia personæ* qui naissaient à l'occasion de l'exercice de la créance cédée (L. 7, § 2, *de minor.*, cnf. L. 38, *eod.*).

On a cependant contesté notre proposition; on a prétendu que le cessionnaire pouvait user des priviléges nés dans sa personne. Et pour le décider ainsi, on a argumenté de la loi 6 C., *de jur. fisc.*, qui accordait au fisc cessionnaire le droit d'invoquer son *privilegium*. Mais l'argument tiré de cette loi se réfute par cette considération, qu'il s'agissait dans ce texte non pas d'une cession faite au fisc, mais d'une succession universelle ouverte à son profit. D'ailleurs, à supposer même que cette loi eût trait à la cession, tout ce que l'on pourrait en induire, c'est qu'elle était une exception à la règle générale que nous avons établie, et qui seule est en harmonie avec les principes qui régissaient la cession.

§ II. *De la position conférée par la cession au débiteur vis-à-vis du cessionnaire.*

La cession de créance ne modifiait en rien la position du *debitor cessus*. Le cessionnaire, en effet, n'était que le *procurator* du cédant. De cette idée découlait la conséquence importante, que toutes les exceptions *rei cohærentes*, nées avant le moment où le débiteur ne pouvait plus se libérer entre les mains du créancier, étaient opposables au cessionnaire comme au cédant (L. 5, C., *de h. v. a. v.*; et L. 17 ff., *de trans.*). Notre règle est d'ailleurs fondée sur la nature même des choses; car celui qui n'a point de créance ne peut point en céder (112, R. J. cnf.; L. 54, *eod.*), et sur l'équité qui exige que la position d'un débiteur ne puisse être empirée par le fait de son créancier. Ainsi le débiteur pouvait opposer au cessionnaire la transaction opérée avec le cédant (L. 17 ff., *de trans.*, 2, 15). Il pouvait lui opposer également la compensation de ce que le cédant lui devait (L. 4 et 5, *de compens.*, etc., etc.)

On a soutenu que l'*exceptio pacti de non petendo*, fondée sur un pacte conclu entre le cédant et le débiteur cédé n'était pas opposable au cessionnaire. A l'appui de cette thèse on a d'abord invoqué la loi 28, § 2, *de pactis*. Cette loi suppose le cas où un esclave ou un fils de famille a fait une remise de dette, et elle décide que cette remise faite au moyen d'un pacte de *non petendo*, n'est opposable, ni au maître, ni au père de famille, si ce pacte est une donation. Or, a-t-on dit, le maître ou le père de famille est le cessionnaire de l'esclave ou du fils; le pacte de *non petendo* quand il est fait par l'esclave ou le fils à titre de libéralité n'est opposable ni au maître, ni au père de famille. Donc en général, un cessionnaire ne pouvait se voir opposer une remise de dette faite par son cédant.

Nous répondons à cette argumentation qu'elle est plus spécieuse que fondée; que la loi 28, § 2, n'a nullement trait à la cession de créances. Sans doute. le pacte de *non petendo*, dans l'hypothèse prévue par la loi précitée, ne pouvait préjudicier, ni au maître, ni au père de famille, et cela se comprend. L'obligation, contractée vis-à-vis du fils ou de l'esclave, avait donné naissance à un droit qui était entré définitivement dans le pécule. Ce droit avait été acquis sans retour au père de famille ou au maître, et il ne pouvait plus être aliéné à titre gratuit sans le consentement de celui qui en était devenu propriétaire irrévocablement.

On a invoqué en second lieu, à l'appui du système que nous combattons, la loi 57 ff., § 1, *de pactis*. Dans cette loi, le jurisconsulte Florentinus, supposant le cas où un créancier est convenu que, pendant sa vie, il n'exigera pas de paiement de son débiteur (*ne ego petam*), ou qu'il n'exigera pas de paiement pendant la vie du débiteur, décide que, dans la première hypothèse, les héritiers du créancier ne peuvent se voir opposer le pacte de *non petendo*; que dans la seconde, les héritiers du débiteur ne peuvent opposer ce pacte au créancier. De là on a voulu conclure que le cessionnaire, qui est également un successeur du créancier, était à l'abri de l'*exceptio* née du pacte de *non petendo* passé entre le cédant et le débiteur. Mais rien n'est plus faux que cette conclusion! Que suppose, en effet, la loi précitée? Que le créancier a promis de ne pas exiger lui-même le paiement de son vivant, ou de ne pas l'exiger du vivant de son débiteur. Cette loi ne prévoit donc qu'un pacte *in personam* et non un pacte *in rem*. Mais nous allons même plus loin, et nous prétendons que le pacte *in personam* lui-même était opposable au cessionnaire. Et en effet, de ce que l'action des héritiers ne pouvait être paralysée par l'*exceptio pacti conventi*, il n'en résultait nullement que cette *exceptio* ne pût préjudicier au cessionnaire, qui, à la différence de l'héritier, agissait du vivant du créancier, et n'était que le *procurator* de ce dernier.

On a également voulu soutenir que l'*exceptio doli mali*, compétant au débiteur contre l'action du cédant, ne pouvait être opposée au cessionnaire.

A cet effet on a invoqué la loi 4, § 27, 28 ff., *de dol. mal. et met. excep.*

Mais cette loi est tout à fait étrangère à la cession d'actions. Et en effet, l'hypothèse prévue dans ce texte est celle-ci : «une chose corporelle ou incorporelle a été mancipée ou cédée *in jure*, par suite d'un dol, à une personne qui la remancipe ou la cède *in jure* à un second acquéreur. Si la victime du dol se trouve par une cause quelconque en possession de la chose extorquée par violence, l'action en revendication du second acquéreur ne peut être paralysée par l'exception de dol opposée par le possesseur.» En un mot, ce texte applique ce principe général, incontestable, que des obligations contractées par un premier propriétaire ne peuvent altérer le droit de propriété d'un second. Or, les choses se passaient tout autrement dans le cas de cession d'une créance. Le cessionnaire n'agissait pas en vertu d'un droit de propriété qui lui avait été transmis valablement par le cédant. Il faisait valoir un droit personnel, qui compétait au cédant dont il était le représentant.

Nous croyons donc que l'*exceptio doli,* fondée sur un dol du cédant, vis-à-vis du débiteur cedé, était opposable au cessionnaire (Voyez L. 5, *princ.* ff., *de trib. act.,* 14, 4; L. 22 § 5, ff., *de lib. caus.*).

Quant aux exceptions, qui n'étaient point *rei cohærentes,* elles étaient opposables à l'action du cessionnaire comme à celle du cédant. Vis-à-vis du débiteur, en effet, les choses devaient toujours se passer comme si le cédant dirigeait lui-même le procès. Ainsi, le débiteur pouvait faire valoir vis-à-vis du cessionnaire l'*exceptio quoad facere possit* qui lui était accordée vis-à-vis du cédant (§ 36 et suiv. *Inst.,* 4, 6). Il en était toutefois autrement, si l'exception était de telle nature qu'elle n'aurait pu compéter au débiteur que si le cédant lui-même avait dirigé le procès.

Pour terminer ce que nous avons à dire sur les effets généraux de la cession, nous ferons remarquer que le débiteur pouvait opposer au cessionnaire les exceptions nées de conventions intervenues entre lui et ce dernier. Le cessionnaire, il est vrai, agissait comme mandataire du cédant; mais il ne faut pas perdre de vue qu'il était *procurator in rem suam.*

CHAPITRE VIII.

DES MODIFICATIONS APPORTÉES PAR ANASTASE ET JUSTINIEN A L'EFFET DE LA CESSION.

Malgré les restrictions apportées à la cession des créances par les lois dont nous avons parlé au Chapitre IV, L. 2., C. *ne liceat potent.*, 2, 14; L., 2, 4, C. *de litig.* 8, 37, etc. etc., il y avait une lacune dans la législation. Il se rencontrait des personnes qui, trompant par d'adroites manœuvres créanciers et débiteurs, se faisaient un métier d'acheter, à vil prix, les créances, et poursuivaient à outrance les débiteurs. Pour combler cette lacune, Anastase, par sa célèbre constitution (*Lex Anast.* ou *per diversas,* 22, C. *mandati*) décida que le cessionnaire à titre onéreux ne pourrait poursuivre le débiteur que pour la somme qu'il aurait réellement déboursée, avec les intérêts.

La Constitution d'Anastase dépassait son véritable but en étant trop générale. Et en effet cette loi ne frappait pas seulement les spéculateurs; elle atteignait également les cessionnaires probes et honnêtes, qui avaient acheté la créance à un prix un peu moindre, en compensation des démarches, des faux frais occasionnés pour le recouvrement.

Depuis Anastase le débiteur cédé évitait donc la condamnation, en payant au cessionnaire le prix de cession avec les intérêts. Exceptionnellement la Constitution *per diversas* ne s'appliquait pas dans les cas suivants :

1° Lorsque la cession était à titre gratuit.

2° Lorsque, même faite à titre onéreux, elle avait

pour but la conservation d'un autre droit, ou qu'elle était faite entre cohéritiers, colégatires, ou cofidéicommissaires.

L'action du cessionnaire qui voulait demander au débiteur plus que le montant du prix de cession était repoussée par l'*exceptio ex lege Anastasiana*. Ajoutons que le débiteur n'était même pas tenu *naturaliter*, vis-à-vis du cédant. Et en effet, celui-ci avait, par la cession, renoncé à ses droits sur la créance au profit du cessionnaire. Mais il était tenu *naturaliter* vis-à-vis du cessionnaire; car l'exception de la *lex Anastasiana*, ayant été introduite *in odium creditoris*, laissait subsister une obligation naturelle (L. 40, *princ.* ff. *de Cond. Ind.* 12, 6).

La Constitution d'Anastase ne s'appliquait point aux cessions à titre gratuit. Aussi cherchait-on à l'éluder en ne vendant la créance que pour partie et en déclarant faire donation du surplus, soit au cessionnaire, soit à un tiers interposé. Eh bien Justinien, pour remédier à ce fâcheux résultat, assimila ces ventes de créances, mélangées de donation, à des ventes pures et simples, et leur appliqua la Constitution d'Anastase (L. 23, C. *mandati*).

Plus tard par une nouvelle Constitution (L. 24, C. *eod.*) Justinien décida, que sauf le cas exceptionnel d'entière gratuité de la cession, le cessionnaire ne pouvait jamais rien réclamer au débiteur, audelà du prix de cession.

Une question vivement controversée est celle de savoir si la preuve du *quantum* du prix de cession incombait au cessionnaire ou bien au débiteur. Nous pensons que c'était au cessionnaire à faire cette preuve. Et en effet, d'abord c'était toujours au demandeur à prouver non-seulement le fondement de son droit, mais encore le montant de ce droit. En second lieu exiger que le débiteur fît cette preuve, c'eût été exiger de lui l'impossible, et par conséquent rendre illusoire la faveur qu'on lui accordait.

LIVRE II.

DE LA CESSION DE CRÉANCES D'APRÈS LE DROIT GERMANIQUE.

CHAPITRE I.

DU CARACTÈRE DE LA CESSION DE CRÉANCES DANS LE DROIT GERMANIQUE.

Nous avons terminé tout ce que nous avions à dire sur la cession de créances d'après le droit romain. Nous avons vu qu'à Rome toute cette matière était régie par ce principe constant et invariable, que le cessionnaire était le *procurator* du cédant. Autre chose était donc pour les jurisconsultes romains la vente d'une créance, autre chose était la cession de cette créance. La cession était pour eux le mandat tacite ou formel donné au cessionnaire d'exercer les droits et actions du cédant; la vente, au contraire, était le contrat qui mettait à la charge du cédant l'obligation de donner ce mandat.

Le droit germanique avait attribué un tout autre caractère à l'opération juridique, connue sous le nom de cession. Considérant que les droits personnels font partie de notre patrimoine, comme les droits réels, les Germains décidèrent qu'un créancier pouvait, sans la volonté du débiteur, se substituer un autre créancier, comme un propriétaire peut faire un autre propriétaire. L'idée du mandat était complétement abandonnée; le cessionnaire était un successeur à titre particulier du cédant, comme l'acheteur d'une chose corporelle est le successeur à titre particulier de son auteur. Le cessionnaire devenait créancier du débiteur, il avait contre celui-ci l'action directe de son chef; le cédant cessait de l'être, et avait perdu toute action vis-à-vis du débiteur. A Rome il fallait la *litis contestatio*, le paiement partiel ou la *denuntiatio* pour rendre le cessionnaire *dominus litis* et fixer irrévocablement la créance sur sa tête; en Germanie au contraire, dès qu'il y avait cession, le droit personnel, qui compétait au cédant, était sorti définitivement de son patrimoine, pour passer dans celui du cessionnaire « *Erb und eigenthümlich cediren* « *und übergeben* cum renunciatione juris et omnis « directæ et utilis actionis; *sich daran aller weitern An- und Zusprüche krefftiglich verziehen*, » telle était la formule insérée dans les actes de cession (Schilter, ex., 30, 63).

Le terme cession, dans cette législation, désignait donc la transmission de la propriété d'une créance ou d'une action sur un tiers; c'était pour me servir des expressions mêmes employées par l'un des jurisconsultes allemands les plus distingués, «pléna «dominii juris et actionis alienatio et translatio adquisitioque» (Schilter, 30, 65).

Le terme cession avait d'ailleurs un sens large; il désignait non-seulement les transmissions de droits et actions faites à titre onéreux, mais même celles faites à titre gratuit. En un mot, la législation germanique disait qu'il y avait cession, toutes les fois qu'une personne s'était dépouillée irrévocablement, au profit d'une autre, d'un droit de créance ou d'une action.

CHAPITRE II.

DE LA MANIÈRE DONT S'OPÉRAIT LA CESSION DANS LE DROIT GERMANIQUE.

Il y avait chez les Germains un principe incontestable et tout à fait propre au droit de ce peuple, c'est que le *dominium rerum* (la propriété) était transféré par la seule convention des parties, indépendamment de toute tradition (Schilter, ex, 13, 27). La seule convention des parties suffisait donc pour transmettre au cessionnaire le *dominium* de la créance. On n'avait pas à rechercher l'espèce de convention, cause translative de propriété; pourvu que les deux contractants eussent manifesté, l'un l'intention de faire passer la créance dans le patrimoine du cessionnaire, l'autre d'en acquérir la propriété, cela suffisait pour qu'il y eût cession.

Ainsi, la cause translative du droit pouvait consister dans une vente, dans une donation, dans un échange, dans une *datio in solutum*[1] etc., etc. Mais il était nécessaire pour la validité de la cession de mentionner la convention en vertu de laquelle elle avait été faite. L'omission de cette mention entraînait la nullité de la cession. «Quorum titulorum «aliquis, dit Schilter, 30, 65 ex., ut caussa cessio«nis, in instrumento et actu cessionis exprimi debet, alias cessio pro valida haberi non solet.» Cette omission ne viciait cependant pas la cession, lorsque l'un des contractants était un *miles* (Enenkelius, *de privileg. milit.*, lib. 2, cap I. et lib I, cap 9).

CHAPITRE III.

DES CONSÉQUENCES DU PRINCIPE QUE LE CESSIONNAIRE ÉTAIT LE DOMINUS DE LA CRÉANCE CÉDÉE.

Le principe que la cession transférait au cessionnaire le *plenum dominium* du droit cédé était fécond en conséquences que nous avons maintenant à faire ressortir.

Pour procéder avec ordre, nous allons d'abord examiner l'influence de la cession sur la position du cédant; nous nous occuperons ensuite de la position du cessionnaire, et en dernier lieu, de celle du débiteur cédé et des tiers.

[1] Toute vente d'une créance était donc une cession; mais toute cession n'était p[illegible] une vente : la vente d'une créance était l'espèce; la cessi[illegible] 'e genre. (Schilter, ex., 30, 66).

§ I. *De l'influence de la cession sur la position du cédant.*

Le créancier originaire cessait d'être créancier, non-seulement vis-à-vis du cessionnaire, qui lui était substitué, mais encore vis-à-vis du débiteur.

Voici ce qui arrivait donc dès que la cession était parfaite :

1° Le créancier primitif n'avait plus d'action contre le débiteur;

2° Il n'avait plus qualité pour recevoir le paiement de la créance; s'il l'acceptait néanmoins, le débiteur pouvait au moyen d'une *condictio indebiti* se faire restituer ce qu'il avait payé indûment;

3° Si le cédant devenait débiteur du cédé postérieurement à la cession, et que la créance de ce dernier fût dans les conditions voulues pour la compensation légale [1], le débiteur cédé poursuivi par le cessionnaire ne pouvait lui opposer la compensation de ce que lui devait le cédant.

§ II. *De l'influence de la cession sur la position du cessionnaire.*

La cession faisant passer la créance dans le patrimoine du cessionnaire, celui-ci devenait créancier aux lieu et place du cédant.

D'où il résultait, 1° que le cessionnaire pouvait

[1] La Compensation, appelée dans les anciens auteurs *Ab-* oder *Gegen-Rechnung*, existait dans le droit germanique plusieurs siècles même avant l'introduction du droit romain. A l'origine, elle n'était pas admise *in foro Saxonico* (Schilter 28,

immédiatement poursuivre le débiteur, non pas seulement *procuratorio nomine* ou *utiliter*, mais de son chef, en qualité de propriétaire de la créance.

2° Que le cessionnaire seul avait qualité pour recevoir le paiement de la créance, et que ce paiement n'était libératoire, que lorsqu'il était fait entre ses mains. (Voyez toutefois ce que nous disons *infra* § III, 1°).

3° Que si le cessionnaire était le débiteur du cédé, celui-ci pouvait opposer à son action la compensation de ce qu'il lui devait.

§ III. *De l'influence de la cession sur la position du débiteur et des tiers.*

La cession rendait le cessionnaire *dominus juris,* non-seulement vis-à-vis du cédant, mais encore vis-à-vis du débiteur cédé et des tiers. Ainsi, en premier lieu, le paiement fait par le débiteur n'était en principe libératoire que s'il était versé entre les mains du cessionnaire.

En second lieu, entre deux cessionnaires successifs, celui, au profit duquel l'acte de cession avait été passé en premier lieu, devait être préféré à l'autre. Par exception si le débiteur avait ignoré la cession et qu'il eût payé de bonne foi sa dette, soit entre les mains du cédant, soit entre celles d'un second cessionnaire, il ne pouvait plus être recherché

15) Mais plus tard on reconnut dans toute la Germanie la Compensation comme mode d'extinction des obligations (Voyez Schilter, *loc. cit.* et suivants, et *Capitulaires de Charlemagne*, lib. VII, cap. CCXXIV).

par le premier cessionnaire (Voyez Schilter, ex. 30, 65).

Le débiteur cédé pouvait-il opposer à l'action du cessionnaire la compensation qu'il aurait pu opposer au cédant, à supposer toutefois, que la créance compétant au débiteur cédé contre le cédant fût née antérieurement à la cession? Quoique la question eût été vivement controversée entre les jurisconsultes, néanmoins l'affirmative avait prévalu, et avec raison selon nous. Et en effet, dans l'hypothèse prévue, le créancier avait cédé une créance qui était éteinte (Schilter, ex. 28, 18, 19 et 80, 21, 22, 23.).

CAPITRE IV.

DES EFFETS DE LA CESSION.

SECTION I.

De la transmission de la créance dans le patrimoine du cessionnaire avec tous ses accessoires.

Lorsque la cession était parfaite, le cessionnaire se trouvait à l'instant même investi du droit qui appartenait au cédant.[1] Ce droit était d'ailleurs transmis avec toutes les garanties accessoires, attachées à la créance, soit en vertu d'une convention, soit en vertu de la loi.

Cette solution radicale, que tous les avantages attachés à la créance passaient au cessionnaire, avait été admise par tout le monde, quant aux ga-

[1] Voyez toutefois ce que nous disons *infra*, Section III.

ranties, stipulées par le cédant, et en ce qui concernait les *beneficia legis, privilegia causæ*. Mais la question était controversée pour les *privilegia personæ*. Le jurisconsulte Franskius, Lib. I, resp. XIV, l'avait résolue dans le sens de l'affirmative. Lauterbachius, ad titul. h. *v. a. v.* § 2, N°s 23 et suivants, admettait la négative en se fondant sur l'idée que le cessionnaire n'était pas la personne en faveur de qui le *privilegium* avait été accordé par la loi. Schilter, ex. 30, 69, admettait l'opinion de de Franskius. Voici comment ce jurisconsulte justifiait sa décision : «Verum enim vero hypothesin hanc (Lauterbachii) ut admittamus necesse haud est, et dissuadet ipsa legislatoris intentio quæ ista est, ut velit hoc tali privilegio favere privilegiato, ut quod suum est aut sibi debitum eo facilius tutiusque aut tueatur aut obtineat. Ex quo sequitur favorem hanc atque hanc legislatoris voluntatem non esse restringendam, sed ampliandam potius, ita ut intelligatur legislator voluisse plene hactenus favere privilegiato ut quovismodo uti valeat et effectu ejus gaudere, non tantum per viam actionis a se ipso institutæ, sed etiam per venditionem et cessionem, quippe quæ expeditior et favorabilior. Alias enim si cessionem lex admittere dicitur sed sine concesso cedenti privilegio, inconveniens hoc sequitur, ut quod in favorem ejus concessum fuit, in damnum ejus vergat, ut aut litibus necessario intricetur, aut minori pretio jus suum cedere et vendere cogatur, quoniam pretium nominis venditi minuitur, si non transit privilegium nominis ex persona cedentis etc., etc., etc.»

Ainsi d'après Schilter la personnalité du cédant, sur laquelle était greffé le *privilegium personæ*, devait en quelque sorte passer au cessionnaire, autant que cela était nécessaire pour l'efficacité du droit cédé, parce que autrement le *privilegium* n'aurait par rempli le but que lui destinait le legislateur.

Par application du principe que la cession transmettait au cessionnaire la créance avec tous les accessoires, même avec les *privilegia personæ*, le même jurisconsulte Schilter avait décidé que la femme qui transportait son action de dote, transmettait par cela même à son cessionnaire son *privilegium dotis* (Schilter, ex. 30, 70).

SECTION II.

Des obligations réciproques du cédant et du cessionnaire.

§ I. *Des obligations du cédant et spécialement de l'obligation de garantie.*

Un second effet de la cession était de mettre à la charge du cédant deux obligations, une obligation de délivrance et une obligation de garantie. Nous ne nous arrêterons pas à l'obligation de délivrance, que le cédant exécutait par la remise même faite au cessionnaire des actes constatant l'existence du droit cédé, et des accessoires qui garantissaient ce droit. Nous avons hâte de passer à l'obligation de garantie dont l'étendue en droit germanique différait de la manière la plus sensible de celle de l'obligation de garantie qui incombait au *venditor nominis* chez les Romains.

En droit romain l'insolvabilité actuelle et future du débiteur tombait à la charge du cessionnaire, «quia tantum censetur vendere jus quale est non «etiam ut exigi possit» (L. 74, § *ult.* ff., *de evict.*, 21, 2). Ce principe s'appliquait à Rome à toute espèce de convention à titre onéreux par laquelle l'une des parties s'était obligée à céder sa créance à l'autre. Ainsi le *venditor nominis*, comme le *dans nomen in solutum*, ne répondait pas de la solvabilité du débiteur cédé. En droit germanique, pour apprécier l'étendue de l'obligation de garantie incombant au cédant, il fallait distinguer entre le cas où la *causa*, le *titulus cessionis* était une *datio in solutum*, et celui où la cession s'était opérée, en vertu de toute autre cause translative de propriété à titre onéreux.

Lorsque la cession avait eu lieu au moyen d'une *datio in solutum*, le cédant répondait : 1° de l'existence de la créance; 2° de la solvabilité actuelle du débiteur, si la créance cédée était pure et simple; 3° il répondait même de la solvabilité future, si la dette était à terme. En un mot, les jurisconsultes germains appliquaient à la *datio in solutum* d'une créance les règles qui étaient admises à Rome, pour le cas de *datio in solutum* d'une chose corporelle (L. 46 ff. *de solut. et lib.*, L. 24 ff., *de pign. act.*); l'*accipiens* avait donc le choix entre deux actions, l'*actio empti* pour obtenir du cédant *id quod interest*, et l'action attachée à la créance primitive, que les parties n'avaient voulu éteindre *datione in solutum,* que sous la condition que le cessionnaire pourrait obtenir du débiteur cédé le paiement de la créance[1] (Nic. Burgundus, cap. 11, 4; cap. 12, 4. Consultation donné par des jurisconsultes d'Iéna au 17ᵉ siècle).

Si le cessionnaire auquel avait été donnée une créance *in solutum* sur un tiers *non idoneus* pour me servir des expressions des jurisconsultes germains, avait eu connaissance de l'insolvabilité du tiers, le cédant ne répondait pas de la solvabilité, même actuelle du débiteur. Cette connaissance du cessionnaire avait pour effet d'éteindre irrévocablement la créance primitive et de dégager le cédant, *dans in solutum,* de toute responsabilité (Brunnemannus, *consil.* 91 et suivants. Même consultation donnée par les jurisconsultes d'Iéna).

Lorsqu'il s'agissait d'une cession *simpliciter facta,* c'est-à-dire de celle dont le *titulus* n'était pas une *datio in solutum,* le cédant était toujours garant; 1° de l'existence de la créance, 2° de la solvabilité actuelle du débiteur. Le cédant n'était pas en principe garant de la solvabilité future du débiteur, même si la dette était à terme (Berlich., *consil.* 24, 52).

Remarquons maintenant que, dans l'hypothèse prévue, le cédant ne répondait même pas de la solvabilité actuelle du cédé, lorsque le cessionnaire n'ignorait pas l'insolvabilité du débiteur. Mais le

[1] Nous verrons, en traitant de la cession de créances d'après le droit français moderne, que les rédacteurs du Code Nap. ont admis également que, dans le cas de novation par délégation, le déléguant répondait de la solvabilité actuelle du délégué.

cédant répondait même de la solvabilité future du débiteur, lorsqu'il avait trompé le cessionnaire en lui vendant comme pure et simple une créance à terme, ou lorsqu'au moment de la cession, par suite d'un événement de force majeure, la créance ne pouvait être réclamée au cédé par le cessionnaire (Brunnemann., *consil.* 91 et suivants. Même consultation des jurisconsultes d'Iéna).

En ce qui concerne les accessoires de la créance, le cédant n'était tenu d'en garantir l'existence, que s'il les avait mentionnés dans le contrat de cession. D'ailleurs, les règles suivies *in foro germanico* ne différaient nullement à ce point de vue du droit romain, par conséquent nous renvoyons purement et simplement, sur l'étendue de cette obligation de garantie, au livre Ier, chapitre VI, où nous parlons des effets de la cession d'après le droit romain.

§ II. *Des obligations du cessionnaire.*

L'obligation principale du cessionnaire consistait dans le paiement du prix de cession.

Lorque la légitimité de la créance ne pouvait pas être contestée, et que le cédant ne répondait point de la solvabilité du débiteur cédé, le cessionnaire pouvait être poursuivi en paiement du prix de cession, dès que celui-ci était exigible. Mais si au contraire, le cédant était tenu de garantir la solvabilité soit présente, soit future du débiteur, ou qu'il pût y avoir doute sur la légitimité de la créance cédée, le cessionnaire ne pouvait être condamné à payer le prix de cession, tant que le cédant ne lui avait point fourni une bonne et suffisante caution pour le recours en garantie qu'il pouvait avoir à exercer contre lui.

La seconde obligation du cessionnaire était de *litem denuntiare* au cédant, dans le cas ou le cédé poursuivi niait la légitimité de la créance.

SECTION III.

Des restrictions apportées aux effets de la cession.

Lorsqu'une personne avait cédé à une autre la créance qu'elle avait sur un tiers, le cessionnaire, devenu propriétaire du droit cédé, était mis aux lieu et place du cédant. Il pouvait donc, d'après les principes, exiger du débiteur tout le montant de la créance, comme aurait pu le faire le cédant lui-même avant la cession : les lois *per diversas* et *ab Anastasiano* ne recevaient pas application en droit germanique de la même façon qu'en droit romain.

Bien que ces lois eussent eu pour but «alienis re«bus fortunisque inhiantes redemptores litium coer«cere ne personas debitorum diversis vexationibus «afficiant», elles embrassaient cependant d'une manière générale, à Rome, dans leurs dispositions, toute espèce de cession. Chez les Romains, à partir de la constitution d'Anastase, toutes les fois qu'il y avait cession à titre onéreux, le débiteur évitait la condamnation, en payant au cessionnaire le prix de la cession, y compris les intérêts. Les lois *per diversas* et *ab Anastasiano* avaient passé dans le droit germanique ; mais on ne les appliquait que dans les hypothèses où se présentaient les motifs sur lesquels ces lois étaient fondées. En d'autres termes, tandis qu'en droit romain le cessionnaire n'était jamais créancier vis-à-vis du débiteur cédé que du montant du prix de cession, en droit germanique le débiteur cédé restait débiteur de toute la créance. Mais lorsque les motifs sur lesquels étaient basées les lois *per diversas* et *ab Anastasiano* existaient, le droit germanique faisait application de ces lois[1].

Si la cession avait été faite *viliori pretio*, il y avait une présomption très-grave que l'opération était une spéculation. Dans cette hypothèse c'était au cessionnaire à prouver «non sibi propositam «fuisse aut litis iniquam redemptionem, aut calum- «niosam rigidamque debitoris vexationem.» Aussi, toutes les fois qu'une cession avait lieu *viliori pretio*, avait-on l'habitude d'indiquer dans l'acte de cession le motif pour lequel la cession avait été faite (Franskius 1 resp. VIII, 36, 45, 46; Berlich. dec. XXXIII, n°s 26, joignez n° 15; Carpzovius 5 resp. XXXVIII, 4).

Toutefois la présomption de spéculation dans le cas de cession *viliori pretio* n'existait pas lorsque la cession avait eu lieu *coram judice* (elector Saxonicus, decis. XXVII, *itemque* Brandeburgius, lib. IV, *jure Prussic.*, titul. VI, art. V, § *si*, 17e siècle).

Dans les cas où les lois *per diversas* et *ab Anas-*

[1] Il y a des auteurs (Giphanius, Wisenbach, ad. d. L. 22 et 23 C., Mand.) qui soutiennent que les lois *per divers. et ab Anastas.* n'avaient pas passé dans le droit germanique; mais il n'en est pas moins certain que ces lois avaient été appliquées chez les Saxons, chez les Suèves et dans la Germanie transrhénane (Schilter, 30, 70).

tasiano étaient appliquées, le débiteur était libéré de la différence qui existait entre le montant de la créance et le prix de cession (Brunnemanus, *de cess. act.* cap. I, 92 et *ad finem titul. héred. v. a v.;* Richter, *décis.* XXXVI, 24). Remarquons toutefois comme particularité qu'un électeur de Saxe du 17e siècle avait décidé pour punir le cessionnaire, que toute la dette serait acquise au fisc. Voici le texte de cette décision : «*So aber erschienen das «ein Betrug oder Falsch vorgegangen und also dieser «unser Anordnung zu wieder gelebt wurde, die ganze «Forderung unserem* fisco *oder jegliches Orts Obrig«keit heimgefallen.*»

Pour terminer cette section et le livre II de notre travail, nous rappellerons, qu'une cession de créances était nulle, lorsque le cédant était juif, et le cessionnaire chrétien (Lauterbach, *ad* h. titul. de *h. v. v.* § 11, n° 4). Cette prohibition n'était toutefois pas admise *in foro saxonico* (Carpzovius, 2, 30, *defens.* 45 et lib. 5 resp. 38. Richter, *decis.* 36, 12).

LIVRE III.

DE LA CESSION DE CRÉANCES D'APRÈS LE DROIT FRANÇAIS ANCIEN.

CHAPITRE Ier.

NOTIONS GÉNÉRALES.

Nous avons vu par l'étude faite dans le livre précédent, que le droit germanique avait repoussé les principes du droit romain, relativement au caractère de l'opération appelée cession.

Notre droit français ancien avait lui aussi considéré la cession comme une véritable translation de la propriété du droit personnel cédé, jusqu'au moment où l'étude du droit romain fut introduite en France.[1]

Lorsque nos anciens juristes furent pénétrés des idées admises à Rome sur la cession de créances; qu'ils s'aperçurent que l'obligation à laquelle correspond tout droit personnel s'opposait à la transmission directe de ce droit dans le patrimoine d'un tiers, ils abandonnèrent le principe, qui était jusqu'alors en vigueur, pour se rallier à celui du droit romain. Ainsi, tandis que l'étude du droit romain, en Germanie, n'avait pas changé le caractère de la cession, le droit romain opéra un revirement dans notre ancienne jurisprudence; il fit considérer la cession comme un mandat, et le cessionnaire comme un *procurator*[2] (Pothier, Vente 550. Ferrières, sur Paris, 108. Dumoulin sur Bourbonnais 127; sur Paris, 108).

Les expressions cession, transport, cession-transport étaient donc synonymes à l'époque où nos jurisconsultes avaient embrassé la doctrine ro-

[1] Le terme *cession* était rarement employé par nos anciens jurisconsultes et le droit coutumier; l'expression consacrée était le mot «*transport.*» Qu'est-ce à dire si ce n'est que, par la cession, la créance était transportée dans le patrimoine du cessionaire qui en devenait propriétaire.

[2] Nos anciens jurisconsultes ont-ils bien fait d'abandonner les idées reçues jusqu'alors dans presque toute l'Europe occi-

maine, et désignaient le mandat au moyen duquel un créancier voulait faire passer indirectement un droit d'obligation dans le patrimoine d'un tiers. Ce mandat n'avait pas besoin d'être donné formellement; il était, comme dans le dernier état du droit romain, sous-entendu dans toute espèce de convention par laquelle une personne disposait à quelque titre que ce fût de son droit d'obligation. Il ne fallait cependant pas confondre la vente, ou tout autre contrat par lequel une personne aliénait sa créance, avec la cession de cette créance, qui n'était autre chose qu'un mandat (Pothier, Vente 550, troisème colonne *in fine*). Cette confusion se rencontre cependant quelquefois dans les ouvrages de nos anciens auteurs. Elle provenait d'une part de ce que le contrat d'aliénation renfermait tacitement le mandat *ad litem* (c'est-à-dire avait la cession pour effet direct et immédiat), et d'autre part, de ce que la pratique considérait toujours le cessionnaire comme propriétaire de la créance cédée.

La cession de créances avait donc, dans notre ancienne jurisprudence, revêtu le caractère de mandat, qui la distinguait dans la législation romaine. Mais tandis qu'en droit romain, la cession valait quasi-tradition; que le cessionnaire pouvait

dentale? telle est la question qui se présente naturellement à l'esprit. Comme la même question surgira nécessairement à l'occasion de la détermination du caractère de la cession dans le droit français moderne, pour éviter les redites, nous en renvoyons l'examen détaillé au livre IV, où nous traitons de la cession de créances d'après le Code Napoléon.

poursiuivre le débiteur avant la *litis denuntiatio*,[1] dans notre droit contumier le cessionnaire n'avait aucun droit, aucune action, tant que le transport n'avait par été signifié.[2] Avant la signification de la cession, le cessionnaire se trouvait dans la même position que l'acheteur d'une chose corporelle avant la tradition.[3]

Même, dans les pays du midi de la France, on avait en général transformé la *denuntiatio* du droit romain, et décidé que le cessionnaire n'était saisi

[1] La *denuntiatio* des Romains avait pour but de rendre irrévocable le mandat *ad litem*, et d'empêcher le débiteur de payer valablement entre les mains du cédant, seul véritable créancier.

[2] «Un simple transport ne saisit point; il faut signifier le transport à la partie et en bailler copie avant que d'exécuter» (Coutume de Paris, art. 108).

Voyez encore Coutume de Clermont en Beauvoisis, art. 55. Coutume de Calais, art. 224.

La Coutume de Saintonge, titre 5, portait «qu'un simple transport ne saisit point, s'il n'y a appréhension de fait.

La Coutume de Bourbonnais se contentait d'un simple avis.

Au fond de toutes ces règles, c'est toujours la même idée qui prédominait.

[3] La Coutume de Blois, dans son article 263, allait jusqu'à exiger que le cessionnaire d'une créance procédât par action en justice avant de pouvoir saisir les biens du débiteur cédé, même si l'acte qui constatait la cession était un acte exécutoire. Dumoulin a critiqué cet article; il va même jusqu'à le qualifier d'article absurde : «Iste articulus est valde ineptus, dit-il, sur Bourbonnais, article 127, «contrarium enim ubique «observatur, et etiam actor non nomine proprio, sed nomine «cedentis, tanquam mandatis actionibus experitur. Jus enim «exsequendi non mutatur, nec amittitur ex parte creditoris, «sed ex parte debitoris, et, ut dixi infra, art. 108, cessio- «narius enim est imago cedentis»

de la créance, qu'à partir de la signification du transport. Ainsi le parlement de Toulouse avait complétement adopté dans son ressort la disposition de l'article 108 de la Coutume de Paris (Merlin, Répert. V° Transport). Dans le Béarn, on allait encore plus loin, on admettait que, malgré la signification, la créance résiderait sur la tête du cédant jusqu'au paiement (Merlin, Rép., *loc. cit.*).

Dans le parlement de Douai, on suivait strictement les principes romains. Aussi le cessionnaire avait-il une action utile contre le débiteur dès l'instant où il y avait cession, et indépendamment de toute signification du transport (Pollet, *Recueil des arrêts du Parlement de Douai,* partie I, § 22 et 14).

CHAPITRE II.

DES CONDITIONS EXIGÉES POUR QU'IL Y EUT TRANSPORT DANS NOTRE DROIT FRANÇAIS ANCIEN.

Il y avait transport dans notre droit français ancien, toutes les fois qu'un créancier avait contracté valablement l'obligation de faire passer son droit dans le patrimoine d'un tiers. Il n'était pas nécessaire que le cédant donnât au cessionnaire mandat d'exercer ses droits et actions; ce mandat était toujours sous-entendu. Il va sans dire que la possession du titre constatant la créance ne suffisait pas pour pouvoir être considéré comme cessionnaire, il fallait l'existence d'une convention par laquelle le créancier s'engageait à transférer son droit. Cette règle souffrait toutefois une exception notable, lorsque l'*instrumentum* était un billet à vue.

CHAPITRE III.

DE L'EFFET DU TRANSPORT AVANT LA SIGNIFICATION QUI DEVAIT EN ÊTRE FAITE.

En droit romain, lorsque la cession était parfaite, le cessionnaire était immédiatement saisi de la créance. Avant la *litis denuntiatio*, il pouvait actionner le cédé en paiement de sa dette. Bien plus! Si le cédant et le cessionnaire avaient poursuivi en même temps le débiteur, l'action utile du cessionnaire l'emportait sur l'action directe du cédant (L. 55, ff., *de procur.*, 3, 3).

Dans notre ancienne jurisprudence, tant que la signification n'avait pas eu lieu, le cédant restait créancier; il continuait à être possesseur et propriétaire de la créance (Ferrières sur Paris, art. 108, Brodeau *idem*, Pothier, Vente 555).

Ces principes établis, il est facile de déterminer quelle était la position du cédant, celle du cessionnaire, ainsi que celle des tiers, avant la signification du transport.

Tant que le transport n'avait pas été signifié, le cessionnaire n'avait aucune action contre le débiteur cédé; le créancier cédant avait seul le droit de poursuivre le débiteur; le paiement fait par ce dernier entre les mains du cédant était seul libératoire; le créancier du cédant, qui avait saisi-arrêté la créance cédée entre les mains du débiteur, était préféré au cessionnaire. Entre deux cessionnaires, c'est celui, qui avait fait signifier le transport, qui était seul créancier (arrêt du 28 septembre 1592. Pothier, vente 555 et suivants. Ferrières, sur Paris, art. 108. Dumoulin, sur Paris, 108).

CHAPITRE IV.

DES TRANSPORTS QUI DEVRAIENT ÊTRE SIGNIFIÉS POUR SAISIR LE CESSIONNAIRE.

La règle, «qu'un simple transport ne saisit point, etc. etc.,» ne s'appliquait qu'aux cessions de créances, ou, pour nous servir des expressions mêmes employées par nos anciens jurisconsultes, aux cessions de dettes mobilières contenues dans une cédule ou obligation. Mais elle fut étendue plus tard aux transports des rentes, par arrêt du 24 novembre 1595, inséré au grand Coutumier, après la coutume de Dourdan et avant les ordonnances de la ville de Metz.

Il fallait distinguer dans notre ancien droit, comme aujourd'hui, sous l'empire du Code Napoléon, deux espèces de rentes, les rentes perpétuelles et les rentes viagères. Les rentes perpétuelles se subdivisaient à leur tour en rentes constituées et en rentes foncières ou réservées. Aujourd'hui toutes ces rentes sont mobilières. Il n'en était pas ainsi dans notre ancien droit, les anciennes rentes foncières constituaient des droits réels immobiliers[1]. Aussi la règle «qu'un simple transport ne saisit point» n'aurait pas dû leur être applicable. L'usage les avait assimilées, sous le rapport de la signification du transport, à de simples dettes. Remarquons maintenant pour terminer ce chapitre, que ces rentes, qui étaient des droits réels immobiliers, pouvaient être grevées d'hypothèque, et que par conséquent le cessionnaire ne les acquérait qu'à charge des hypothèques constituées antérieurement à la signification du transport.

CHAPITRE V.

DE LA FORME DE LA SIGNIFICATION DU TRANSPORT.

La signification du transport était faite, à peine de nullité, par exploit de sergent ou d'huissier, à la partie ou au domicile de la partie, quoique ne parlant point à sa personne. Il fallait d'ailleurs que l'huissier donnât copie du transport (il faut en bailler copie. Texte des coutumes). Si l'huissier avait négligé de remplir cette formalité, la signification était comme non-avenue. De plus, pour pouvoir prouver que la copie avait été baillée, le sergent devait en faire mention dans l'exploit de signification; car la preuve par témoins n'était pas admis-

[1] Il y avait des coutumes où les rentes constituées étaient elles-mêmes considérées comme droits réels immobiliers.

sible (Brodeau, sur Paris, art. 108. Ferrières, sur Paris, art. 108).

En ce qui concernait les rentes sur l'hôtel de ville, la signification se faisait aux payeurs; les cessionnaires n'en étaient d'ailleurs saisis que par l'immatriculation dans les registres (Ferrières, sur Paris, art. 108).

CHAPITRE VI.

DES EFFETS DE LA SIGNIFICATION DU TRANSPORT.

Cette signification entraînait dans notre ancien droit les deux effets suivants : 1° la créance cédée était quasi-tradée au cessionnaire, et le cédant en était reputé dessaisi ; 2° le cédant n'était plus censé propriétaire de la créance, et le cessionnaire était censé l'être.

Nous allons maintenant étudier successivement les conséquences découlant de chacun de ces effets.

De ce que le cessionnaire devenait quasi-possesseur de la créance, tandis que le cédant cessait de l'être, il résultait :

1° Que le cessionnaire, à partir de la signification, avait action contre le débiteur. Si le titre, constatant l'obligation, était un titre exécutoire, le cessionnaire pouvait faire exécuter l'obligation comme le cédant[1].

[1] Sauf l'exception inexplicable des Coutumes de Blois et de Melun (Voyez *supra*, chapitre I, note 3).

Toutefois, si le débiteur était mort, le cessionnaire était obligé de faire auparavant appeler les héritiers pour faire déclarer l'obligation exécutoire contre eux, comme elle l'était contre le défunt (Coutume de Paris, art. 168).

2° Que le paiement fait au cessionnaire était libératoire.

3° Que la saisie-arrêt, pratiquée par les créanciers du cédant sur la créance cédée, ne leur donnait aucun droit de préférence vis-à-vis du cessionnaire.

4° Que si le transport avait eu pour objet une rente foncière grevée d'hypothèques, le cessionnaire commençait la prescription des hypothèques à partir du jour de la signification du transport. Si au contraire il n'y avait point eu de signification, le cessionnaire ne pouvait prescrire ces hypothèques; car sans possession, point de prescription (Ferrières, sur Paris, art. 108).

De ce que le cédant n'était plus censé être propriétaire de la créance, tandis que le cessionnaire était censé l'être, il résultait :

1° Que le cédant, en droit, n'avait plus d'action contre le débiteur.

2° Que le paiement fait par le débiteur au cédant n'était pas libératoire, et que par suite, si celui-ci avait accepté les deniers du cédé, il pouvait être forcé de les restituer *condictione indebiti*.

3° Que les créanciers du cédant ne pouvaient plus saisir-arrêter la créance cédée.

CHAPITRE VII.

DES PERSONNES QUI POUVAIENT FAIRE OU ACCEPTER UN TRANSPORT.

Dans notre droit ancien, toute personne capable de vendre et d'acheter était également capable de faire et d'accepter un transport.

Par exception étaient incapables de faire un transport :

1° Les banqueroutiers (art. 4 du titre des faillites et banqueroutes de l'édit de commerce du mois de mars 1573). Henri IV, par une ordonnance, vérifiée en Parlement le 4 juin 1609, avait décidé que les transports et cessions des biens des banqueroutiers faits à leurs enfants ou héritiers présomptifs ou amis, seraient nuls, et que d'ailleurs les cessionnaires seraient punis comme banqueroutiers, s'ils avaient été complices de la fraude.

Le règlement fait pour la ville de Lyon, le 2 juin 1667, art. 13, portait également que toutes cessions sur les effets des faillis seraient nulles, si elles avaient été faites dix jours au moins avant la faillite publiquement connue.

2° Était encore incapable de faire un transport tout débiteur qui avait été condamné à payer son créancier. Dans cette hypothèse, en effet, le transport était censé fait pour empêcher l'exécution du jugement.

Étaient incapables d'accepter un transport soit par eux-mêmes, soit par personnes interposées, lorsque la cession avait pour objet une créance litigieuse :

1° Les juges et officiers (ordonnance de Charles V, art. 4 de l'an 1356, de François Ier du mois d'oc- 1535, *cap.* 12; de Charles IX aux États d'Orléans, art. 54; et de Louis XIII, janvier 1629, art. 94[1]).

2° Les procureurs, c'est-à-dire les avoués, avocats ou autres personnes qui étaient chargés de suivre en justice les intérêts des autres (mêmes ordonnances, et de plus, ordonnance de Henri III de l'an 1585).

3° Les *potentiores* (une ordonnance de Charles IX, de l'an 1563, décide que tous transports de créances faits par des marchands à des personnes privilégiées, qui ne sont point sujettes à la juridiction consulaire, sont nuls).

CHAPITRE VIII.

DES EFFETS DU TRANSPORT SIGNIFIÉ.

Lorsque le transport avait été signifié, le cessionnaire était censé propriétaire du droit d'obligation qui lui avait été cédé; il était donc devenu créancier aux lieu et place du cédant, *quoad juris effectus*. Mais selon les principes du droit, le cédant demeurait toujours créancier, et le cessionnaire n'était que le *procurator sui generis* et irrévocable du cédant.

A partir de la signification du transport, le cessionnaire obtenait le droit de poursuivre, pour tout le montant de la créance, le débiteur, qui ne

[1] Voyez, en outre, ce que nous disons *infrà*, livre IV, chapitre V, § III, note 1.

pouvait pas se libérer en offrant au cessionnaire ce que celui-ci avait payé à son cédant[1]. Il n'en était autrement par exception que dans les trois cas suivants :

1° Si la créance cédée était litigieuse. Or, une chose était réputée litigieuse quand l'action était intentée et contestée (on appliquait alors les lois *per diversas* et *ab Anast.*, ainsi que leurs exceptions).

2° Si un tuteur avait acquis un transport sur son pupille.

3° Si un cohéritier s'était fait céder par un créancier de la succession une dette sur cette succession[2].

Si la dette avait été éteinte avant la signification du transport, soit par un paiement fait valablement, soit par voie de compensation, le débiteur pouvait repousser le cessionnaire comme il aurait pu repousser le cédant lui-même. La preuve du paiement de la créance fait au cédant avant la signification du transport pouvait résulter de quittances sous seing privé, n'ayant pas date certaine, pourvu que ces quittances fussent présentées au cessionnaire immédiatement après la signification (Bourjon, *Droit commun de la France ;* Basset II, livre IV, t. XX, chap. 3).

[1] Dans notre droit français ancien, les lois *per diversas* et *ab Anastasiano* avaient été détournées de leur véritable sens. On ne les appliquait qu'aux créances litigieuses. Bien plus, elles étaient écartées toutes les fois qu'il s'agissait de rentes litigieuses (Ferrières, sur Paris, 108).

[2] Voyez Ferrières, sur Paris, art. 108, et Bourjon, *Droit commun de la France.*

Le cessionnaire pouvait faire valoir la créance transportée avec tous les avantages qui y étaient attachés entre les mains du cédant, soit en vertu de stipulations expresses, soit en vertu de la loi. Et puisque, *quoad juris effectus,* le cessionnaire était devenu créancier lui-même, le débiteur pouvait opposer la compensation de ce qui lui était dû par le cessionnaire.

Quant aux priviléges attachés à la personne du cessionnaire, et dont ne jouissait pas le cédant, le cessionnaire qui n'était, en droit, que le mandataire du cédant ne pouvait s'en prévaloir. Ainsi il ne pouvait user du droit de *committimus,* s'il ne compétait point à son cédant. L'ordonnance de Charles IX défendait «aux cessionnaires privilégiés» de faire appeler leurs débiteurs aux requêtes du palais, ou par devant les conservateurs des priviléges royaux ou apostoliques, ou bien par devant les autres juges. L'édit de Blois, art. 177., prohibait, dans le même esprit, les aliénations *judicii mutandi causa.* Par exception (ordonnance du *committimus,* art. 21), les cessionnaires pouvaient user du privilége de *committimus,* s'il était prouvé que le transport avait été fait pour dettes véritables, par actes passés devant notaires, et signifiés trois ans avant l'action intentée. L'article 22 de la même ordonnance de *committimus* décidait également que, dans les transports faits par contrat de mariage, par partage, ou à titre de donation bien et dûment insinuée, les cessionnaires jouiraient toujours de leur privilége de *committimus.*

CHAPITRE IX.

DES OBLIGATIONS DU VENDEUR D'UNE CRÉANCE OU D'UNE RENTE.

Quoique nous ayons donné à ce chapitre la rubrique «des obligations du vendeur», nous ferons remarquer que nos explications concerneront non-seulement la vente d'une créance, mais tous autres actes entre vifs, à titre onéreux, par lesquels un créancier aliénait son droit d'obligation.

Cette observation préliminaire faite, nous disons que le vendeur d'une créance ou d'une rente contractait deux obligations, une obligation de délivrance, et une obligation de garantie. Nous n'avons pas à nous arrêter à l'obligation de délivrance, qui s'accomplissait par la remise des titres constatant la créance ou la rente vendue. Toutes nos explications subséquentes auront pour objet la garantie.

On distinguait deux espèces de garantie, la garantie de droit, et la garantie de fait.

La garantie de droit était celle dont le vendeur était tenu *ipso jure*, indépendamment de toute convention.

La garantie de fait était celle dont le vendeur, n'était pas tenu par la seule nature du contrat, mais seulement lorsqu'il s'y était obligé par une clause particulière.

§ I. *De la garantie de droit.*

La garantie de droit consistait dans l'obligation imposée au vendeur de répondre *nomen verum esse,* s'il sagissait d'une créance ordinaire. Si le droit d'obligation était une rente foncière, le vendeur devait garantir l'acheteur de tous troubles de la part de ceux qui en revendiquaient la propriété, ou qui prétendaient que la rente était grevée d'hypothèques.

Si l'acheteur était évincé, il avait contre son vendeur l'action *empti* pour recouvrer le prix qu'il avait payé et les dommages-intérêts. La promesse de la garantie de droit ne produisait aucun effet. Il en était toutefois autrement, 1° lorsque l'acheteur connaissait le danger de l'éviction; 2° lorsque le vendeur était un créancier auquel le droit vendu avait été donné en gage. Dans ces deux hypothèses, en effet, le vendeur n'était pas de plein droit soumis à la garantie.

§ II. *De la garantie de fait.*

Le vendeur ne répondait point en principe de la solvabilité du débiteur, mais la garantie de fait avait pour but de le soumettre à cette responsabilité (Loyseau, l. 3 ; Ferrières, sur Paris ; Pothier, 550 et suivants).

On rencontrait dans notre ancienne jurisprudence trois clauses, dont l'effet était de mettre la garantie de fait à la charge du vendeur.

1° La clause de garantie de tous troubles et empêchements, ou clause de garantie simplement dite ; 2° la clause de fournir et faire valoir ; 3° la clause de fournir et faire valoir après simple commandement.

[1] Voyez Loi 27 C., *de evict.* (8, 45).

PREMIÈRE PARTIE.

De la clause de garantie de tous troubles et empêchements.

Garantir de tous troubles et empêchements quelconques, c'était, d'après nos anciens jurisconsultes, garantir même l'empêchement résultant de la pauvreté. Le vendeur, qui s'était obligé à cette garantie, répondait de l'insolvabilité présente du débiteur, mais non de celle qui pouvait survenir après le transport (Loyseau, lib. 3; Ferrières, sur Paris 108; Pothier, Vente, 563).

Le vendeur d'une rente foncière n'était pas plus que le vendeur d'une créance ordinaire ou d'une rente constituée soumis à la garantie de fait simplement dite, sans stipulation expresse. Cette solution, admise par la plupart de nos anciens juristes, avait été contestée par Bacquet qui, dans son Traité des droits de justice, chapitre 18, soutenait que la garantie de fait était due *ipso jure* par le vendeur d'une rente. Mais l'opinion de Bacquet était repoussée par l'idée que l'acheteur d'une rente ne subissait pas d'éviction, par cela seul, que le débiteur était insolvable.

DEUXIÈME PARTIE.

De la clause de fournir et faire valoir.

Par cette clause le vendeur devenait responsable de la solvabilité présente et future du débiteur, s'il s'agissait d'une rente.[1] Si au contraire le transport avait pour objet une dette ordinaire, il fallait

[1] Loyseau, *loc. cit.*, chap. IV, n° 8, et Bacquet, chap. 18.

distinguer entre le cas où la dette était pure et simple, et celui où elle était à terme. Dans le premier cas, le vendeur ne répondait que de la solvabilité présente du débiteur; car le cessionnaire n'avait qu'à s'en prendre à lui-même si le débiteur était devenu insolvable depuis le transport. Dans le second cas, le vendeur répondait de la solvabilité présente et future du débiteur.

Il y avait des auteurs qui prétendaient que la clause de fournir et faire valoir n'engageait jamais la responsabilité du vendeur que pour la solvabilité pérsente du débiteur. Mais l'opinion contraire avait prévalu et avec raison (voyez les auteurs cités à la note I). Les termes, dans lequels cette clause était conçue, ne laissaient aucun doute à ce sujet (voyez Pothier, Vente, n° 563, et Loyseau, explication de cette clause).

Pour éviter les difficultés, on accompagnait souvent la clause de fournir et faire valoir de ces mots «tant en principal qu'arrérages, ou à toujours.»

Fournir une rente, c'est la payer à défaut du débiteur, ou compléter les paiements qu'il avait à faire. D'où la conséquence que celui, à qui une rente avait été vendue avec la clause de fournir et faire valoir, devait, avant de pouvoir exercer son recours en garantie, faire discuter les biens du débiteur (Loyseau, *loc. cit.*; Ferrières, sur Paris, art. 108; Bacquet, rentes sur l'hôtel de ville, chapitre 18). Aussi avait-il été jugé que l'acheteur d'une créance, qui ne s'était point opposé à la vente par décret des héritages appartenant au débiteur, perdait le recours en garantie contre son vendeur, jusqu'à concurrence de la somme, pour laquelle il aurait été colloqué, s'il avait fait l'opposition requise (Chopin, sur Paris, 108, liv. III, tit. 2, n° 17). L'acheteur d'une créance ou d'une rente perdait encore tout recours contre son vendeur, s'il avait laissé prescrire les hypothèques qui en garantissaient le paiement (Loyseau, *loc. cit.*; Ferrières, sur Paris, 108; Pothier, Vente, 565). Par exception l'acheteur n'était point obligé de faire discuter les biens du débiteur, si le transport, avec clause de fournir et faire valoir, avait eu lieu entre marchands. Il pouvait actionner le vendeur immédiatement après avoir donné assignation au débiteur, si celui-ci refusait de payer.

Lorsque la créance vendue était une créance ordinaire, le vendeur, poursuivi valablement en garantie, était obligé de payer à l'acheteur le montant de la créance. Si, au contraire, l'objet de la vente avait été une rente, le vendeur avait le choix entre le paiement des arrérages échus de la rente, avec la continuation de ce paiement à l'avenir, et la résolution du contrat avec la restitution à l'acheteur du prix de vente, ainsi que des intérêts de ce prix, à partir du jour où le débiteur avait cessé de payer les arrérages. Et, en effet, par la clause de fournir et faire valoir le vendeur constituait en quelque sorte lui-même une rente à prix d'argent, pour le cas d'éviction de l'acheteur; or l'équité exigeait qu'il pût racheter cette rente pour la somme qu'il avait touchée.

TROISIÈME PARTIE.

De la clause de fournir et faire valoir après simple commandement.

Cette troisième clause avait pour effet de dispenser l'acheteur de toutes poursuites autres qu'un commandement, pour pouvoir exercer le recours en garantie contre son vendeur.

De là résultaient les deux conséquences suivantes :

1° L'acheteur n'était point obligé de discuter les biens du débiteur; il lui suffisait de l'avoir mis en demeure par un simple commandement, pour pouvoir intenter l'action en garantie.

2° Il n'avait pas besoin de s'opposer aux décrets des biens du débiteur.

Une question vivement controversée consistait à savoir quel était l'effet de la clause de payer soi-même, à défaut du débiteur? Il avait été admis généralement par les auteurs et par la jurisprudence que l'acheteur, auquel une créance avait été transportée avec cette clause, était tenu de discuter les biens du débiteur, à moins que le contrat de vente ne contînt en sus cette addition, «sans que le cessionnaire ne soit obligé de faire aucune poursuite».

(Voyez ce dernier point Ferrières, sur Paris, 108. Pothier, Vente, 571 et 572).

LIVRE IV.

DE LA CESSION DES CRÉANCES D'APRÈS LE DROIT FRANÇAIS MODERNE.

CHAPITRE I.

NOTIONS GÉNÉRALES.

Les rédacteurs du Code Napoléon se sont occupés de la cession de créances dans les articles 1689-1696.

Ce que le législateur de 1804 avait à faire avant tout, c'était de déterminer le caractère qu'il imprimait à la cession. A cet effet, les monuments législatifs n'ont pas manqué pour lui servir de guide. Il se trouvait en face de deux idées diamétralement opposées, de celle admise à Rome et par nos anciens jurisconsultes, d'après laquelle le mandat tacite ou formel était le seul moyen possible de faire profiter une personne d'un droit de créance sur un tiers; et de celle qui avait prévalu dans le droit germanique, et dans la pratique de notre droit français ancien, où l'on regardait la créance comme un bien susceptible de transmission comme une chose corporelle. Quelle est la doctrine à laquelle se sont ralliés les rédacteurs du Code? Considérant la théorie des Romains et celle de nos anciens juristes sur la cession comme de pures subtilités, le législateur de 1804 a complétement embrassé la théorie du droit germanique, d'après laquelle la cession était la transmission de la propriété d'un droit dans le patrimoine d'un tiers. Faisant abstraction du droit en lui-même pour ne s'attacher qu'à l'objet sur lequel porte ce droit, ils ont décidé que le créancier peut faire un autre créancier, comme un propriétaire peut faire un autre propriétaire.

La proposition que nous avançons est démontrée de la manière la plus formelle, non-seulement par les discours prononcés devant le Tribunat et au Corps législatif, mais encore par la combinaison des articles 1128, 1138, 1692 et 1693 du Code Napoléon.

Nous lisons dans l'exposé des motifs fait par Portalis :

«Indépendamment des choses mobilières et immobilières, il est une troisième espèce de biens, celles des créances et autres droits incorporels;»

«Cette espèce de biens est de la création de l'homme, elle est l'ouvrage de nos mains; elle est dans le commerce comme tous les autres biens;»

«Elle est conséquemment susceptible d'être vendue, cédée et transportée» (Locré XIV, p. 184).

De même M. Grenier disait dans son rapport fait au Tribunat : «Il y a une troisième espèce de propriété qui peut faire l'objet de la vente, ce sont les créances et autres droits incorporels[1].»

[1] L'expression « droits incorporels, » qui se trouve même dans les articles du Code Napoléon, est vicieuse; car tout droit est incorporel. Elle devrait donc être remplacée par les mots : « chose incorporelle. »

Si nous prenons les articles du Code Napoléon que nous avons mentionnés plus haut, nous ne les trouvons pas moins explicites. D'après l'article 1128, toute chose qui est dans le commerce peut faire l'objet d'une convention. D'après l'article 1138, la seule convention des parties suffit pour transférer la propriété. Or, les créances sont dans le commerce. Donc, déjà d'après les principes généraux, la convention des parties suffit pour transférer la propriété des créances. Mais nous n'en sommes pas réduit à ces arguments tirés de la combinaison des textes, qui établissent des principes généraux en matière d'obligations. Il résulte non moins clairement des articles 1692 et 1693, placés sous la rubrique : *«Des transports des créances et autres droits incorporels»*, que celui, au profit duquel une personne a disposé d'un droit d'obligation, devient propriétaire de la créance à la place du disposant.

Sous le système du Code Napoléon, le mot *cession* désigne donc, *lato sensu,* toute transmission par actes entre vifs, à titre onéreux, ou à titre gratuit, d'une chose incorporelle. *Stricto sensu,* le terme cession désigne la transmission d'un droit, pour un prix déterminé en argent; et c'est dans ce sens qu'il est employé dans les articles 1689 et suivants du Code Napoléon. Ceci est clairement prouvé par les articles 1692 et 1693; qui mettent sur la même ligne les expressions vente d'une créance, cession d'une créance, transport d'une créance. Ainsi aujourd'hui, quand on emploie le mot *cession*, on veut désigner particulièrement la transmission d'une créance dans le patrimoine d'un tiers, lorsque le titre translatif est une vente. Aussi, tandis qu'en droit germanique, la cession d'une créance était le genre, la vente d'une créance l'espèce, sous l'empire des principes du Code Napoléon, comme dans la pratique de notre ancienne jurisprudence, le terme *cession* désigne-t-il spécialement la vente d'une créance, et l'on peut employer, indistinctement, les expressions vente d'une créance, cession, transport, pour expliquer une seule et même opération. Quelquefois on désigne la vente d'une créance par les deux expressions «*cession, transport,*» unies par un trait d'union. On veut, sans doute, faire voir par là que, dans notre droit français moderne, la cession a perdu le caractère de mandat qu'elle avait en droit romain.

En droit germanique, lorsque la cession était parfaite, le cessionnaire était investi du droit cédé, non-seulement vis-à-vis du cédant, mais encore vis-à-vis des tiers. Dans notre droit français actuel, il faut distinguer entre les rapports du cédant et du cessionnaire d'une part, ceux du cessionnaire et des tiers d'autre part. Dans les rapports du cédant et du cessionnaire, la créance passe au cessionnaire par la seule convention des parties. En ce qui concerne les rapports des tiers et du cessionnaire, celui-ci n'est saisi de la créance que par la signification de la cession faite au débiteur cédé, ou par l'acceptation du transport de la part de ce dernier dans un acte authentique (art. 1690).

Dans notre droit français actuel, nous définirons donc la cession de créances, un contrat consensuel, parfaitement synallagmatique, par lequel une personne appelée *cédant* ou *vendeur*, s'engage à transférer la propriété d'une créance à une autre personne, appelée *cessionnaire* ou *acheteur*, moyennant un prix déterminé en argent que celui-ci s'oblige à payer.

Avant d'aborder l'étude de la cession dans ses détails, nous avons deux questions à résoudre. La première, si les expressions « transfère la propriété de la créance, le cessionnaire devient propriétaire de la créance», qui ont été employées dans le droit germanique, et par les jurisconsultes français anciens et modernes, ne sont pas vicieuses, et ne devraient pas être remplacées par les termes «investit du droit de créance», «le cessionnaire est investi du droit d'obligation qui lui a été cédé»; la seconde, si les rédacteurs du Code Napoléon, en rejetant complétement la théorie du droit romain, pour se rallier à celle du droit germanique, n'ont fait qu'abandonner une vaine subtilité, ou bien si, au contraire, la nature du droit personnel s'oppose à sa transmission dans le patrimoine d'un tiers.

§ I. *On est propriétaire d'une chose matérielle, mais on ne peut être propriétaire d'un droit.*

Les expressions «propriété, propriétaire d'une créance» employées pour expliquer la transmission du droit personnel dans le patrimoine du cessionnaire, sont on ne peut plus vicieuses. Le droit de propriété, en effet, est le droit le plus absolu sur un bien, c'est-à-dire sur une chose matérielle qui peut procurer à l'homme une certaine utilité. Il faut donc distinguer soigneusement le bien ou la chose asservie, d'avec le droit, qui est l'asservissement. Cela étant, le titulaire d'un droit personnel, le créancier qui a pour obligé son débiteur, dont il peut exiger la prestation promise, peut bien être considéré comme étant investi d'un droit, et non comme propriétaire. Un droit n'est pas un bien, c'est une faculté d'assujettissement sur un bien ou sur une personne. Dire par conséquent, qu'on est propriétaire d'un droit, c'est dire qu'on est propriétaire d'une faculté d'assujettissement.

Il résulte de ces explications, que l'idée, que la cession transmet les droits du cédant dans le patrimoine du cessionnaire, doit se traduire par les expressions «le cessionnaire est investi des droits du cédant; le cessionnaire est saisi de la créance cédée.»

§ II. *La nature du droit personnel se refuse à sa transmission dans le patrimoine d'un tiers.*

La seconde question que nous nous sommes proposé d'examiner, quoique ne présentant qu'un intérêt doctrinal, parce que les rédacteurs du Code Napoléon ont regardé les droits personnels comme susceptibles de transmission de la même façon que les droits réels, est, on ne peut plus délicate. Je ne dis pas qu'elle divise les auteurs; car sauf quelques réminiscences de la théorie romaine, qui se trouvent çà et là disséminées dans leurs écrits (Troplong, *Privil. et hyp.* 340, vente 880; Duranton, 16, 495), il n'est pas un jurisconsulte qui ait cru la question digne d'un examen approfondi. La plupart ont indiqué ce qu'a fait le législateur de 1804, sans examiner s'il a eu tort ou raison. Et cependant, quand nous voyons les rédacteurs des articles 1690 et suivants, repousser la doctrine d'un peuple, dans les lois duquel ils ont puisé à pleines mains, ne devons-nous pas nous demander, ne fût-ce que par respect pour les Romains, nos maîtres, si le principe de l'incessibilité des créances, principe qui a duré chez les Romains plus longtemps que Rome elle-même, et que nos anciens jurisconsultes les plus distingués avaient adopté à leur tour, était une pure subtilité ou bien s'il était fondé sur la réalité même des choses ! !

Eh bien, nous disons que les rédacteurs du Code en décidant que les créances pouvaient être transmises comme les droits réels, ont méconnu la nature de l'obligation. L'erreur qu'ils ont commise a sa source dans trois méprises :

1° Ils ont confondu, partout et toujours, les droits avec les biens ;

2° Ils ont confondu la créance avec son objet; l'obligation, le *vinculum juris*, avec le fait, l'abstention ou la prestation qui en est la matière.

Enfin en troisième lieu ils ont fait abstraction de l'obligation, principe générateur même du droit, pour ne s'attacher qu'au droit lui-même.

Ce sont donc ces trois méprises qui ont fait énoncer aux rédacteurs du Code cette proposition si simple, si attrayante, et pourtant si peu fondée, «que les droits personnels, faisant partie de notre patrimoine comme les droits réels, sont susceptibles d'être transmis de la même façon que ces derniers».

On entend par droit un lien, une relation juridique, unissant une personne directement à une chose, que l'homme peut affecter à ses besoins, ou unissant une personne à une autre personne. Les biens, au contraire, sont les choses sur lesquelles peuvent porter les droits, soit directement, soit indirectement. Le droit et le bien offrent donc deux idées distinctes, comme la domination et la chose dominée.

Lorsque le droit s'exerce directement sur un bien, sans l'intermédiaire d'aucune personne, il porte le nom de *droit réel ;* il y a une personne dominatrice en face de la chose dominée. Le droit réel est transmissible, quoiqu'il consiste dans une relation entre une personne et une chose. Si vous changez la personne, la relation primitive, il est vrai, s'évanouit ; mais il existera une nouvelle relation entre la chose et la nouvelle personne investie du droit.

Lorsque la relation juridique existe entre deux personnes déterminées, nous avons à faire à un droit personnel. Dans tout droit personnel nous trouvons trois éléments, le créancier, sujet actif du droit, la chose, objet du droit, et le débiteur, sujet passif du droit, qui est l'intermédiaire entre l'objet et le sujet actif. Il faut donc, dans le droit personnel, distinguer soigneusement la créance, c'est-à-dire le droit, de la chose, qui en forme l'objet. La créance n'est donc pas un bien, c'est un droit, et si la chose, objet du droit, est un bien transmissible, il n'en résulte nullement que le droit ou la créance le soit également.

Quand on considère le droit personnel en lui-même, abstraction faite de l'obligation, cette faculté doit être envisagée comme transmissible, aussi bien que le droit réel. Mais qu'on y prenne garde; le droit réel est une relation directe entre une chose et une personne, si vous le transférez, vous ne changez pas la position des tiers. Le droit personnel, au contraire, est une relation entre une personne et une autre personne; il n'est pas seulement le corrélatif de l'obligation à laquelle est soumis l'un des sujets du droit, mais l'obligation lui donne son existence et son efficacité. En un mot, il n'a aucune vie propre et indépendante. Cela étant, quand la question de transmissibilité ou de non-transmissibilité est posée législativement, il faut faire non pas abstraction de l'obligation, pour ne considérer que le droit en lui-même, mais il faut faire abstraction du droit, pour ne s'attacher qu'à l'obligation, qui non-seulement est le principe générateur du droit, mais sans laquelle celui-ci ne peut exister. Or la nature de l'obligation s'oppose à la transmission du droit qu'elle a créé. L'obligation, en effet, étant un lien du droit, *vinculum juris*, par suite duquel une personne est tenue vis-à-vis d'une autre à un fait ou à une abstention, le sujet actif du droit ne peut se substituer une tierce personne qui deviendrait créancière à sa place. Permettre au créancier par son seul fait d'investir une autre personne de son droit, c'est obliger par cela même le débiteur envers cette tierce personne. Or, le débiteur s'étant obligé envers le créancier primitif et non envers son cessionnaire, si celui-ci peut devenir créancier, c'est admettre un résultat contraire aux données d'une stricte et rigide justice.[1]

En second lieu, si vous changez l'un des sujets de l'obligation, il n'y a plus de *vinculnm juris;* l'obligation est éteinte, et puisque le droit, corrélatif à l'obligation, n'a qu'une existence complétement dépendante de celle-ci, il meurt avec elle.

La transmission du droit personnel opère donc son extinction, et le nouveau créancier n'est pas investi des droits de l'ancien, mais d'une autre créance ; car l'ancienne a cessé d'exister avec l'obligation qui l'avait produite.

En troisième lieu, il est contraire à la nature même des choses qu'un créancier puisse transmettre à un tiers un droit d'obligation, puisque par l'effet de la transmission il l'investirait de son titre même, de sa qualité de créancier. Pour mieux faire saisir cet argument un exemple est nécessaire. Primus vend un immeuble à Secundus pour la somme de 1000 francs. Il existe entre Primus et Secundus une convention qui fait naître à la charge des parties des obligations, et par conséquent aussi, à leur profit, des droits réciproques. Cette convention, qui est appelée vente, donne à Primus la qualité de vendeur, et à Secundus celle d'acheteur. Si Primus, je le suppose, cède à Tertius l'action *venditi,* que va devenir Tertius dans le système qui admet que la cession est une transmission du droit du cédant dans le patrimoine du cessionnaire?

[1] L'étendue du droit personnel se mesure d'après celle de l'obligation.

L'action *venditi* est la sanction des droits résultant du contrat de vente au profit du vendeur, c'est, si je puis m'exprimer ainsi, le droit même d'exercer les droits résultant du contrat de vente. Si vous êtes investi de l'action *venditi*, si vous l'exercez en votre nom propre, vous êtes par cela même et nécessairement investi des droits que cette action sanctionne, c'est-à-dire de ceux qui ont été créés par le contrat de vente. Si vous êtes investi des droits résultant du contrat de vente, vous vous trouvez dans la même position que si l'acheteur avait contracté avec vous. Celui-ci est donc votre débiteur, et vous, vous êtes devenu son créancier ou son vendeur, aux lieu et place du cédant, qui cependant a seul figuré dans le contrat de vente. Eh bien, ce résultat auquel vous êtes conduit logiquement, si vous considérez le cessionnaire comme investi des droits du cédant, est la condamnation de la doctrine que nous combattons. Et, en effet, d'après cette doctrine, la cession de l'action *venditi* rend le cessionnaire vendeur. Or la qualité de vendeur est une qualité indélébile, comme celle de l'héritier. Le titre de vendeur, qui est un titre essentiellement attaché à la personne du vendeur, qui ne peut ni s'effacer, ni perdre son caractère primitif, passe dans cette doctrine au cessionnaire; et par suite, celui-ci est transformé en vendeur, tandis que le vendeur devient un étranger.

Enfin, en quatrième et dernier lieu, la doctrine admise par les rédacteurs du Code Napoléon est encore vicieuse à un autre point de vue. En effet, elle amène nécessairement en pratique à des résultats très-peu conformes à l'intention des parties. Ainsi, pour ne pas sortir de l'hypothèse examinée tout à l'heure, du moment que le cessionnaire de l'action *venditi* est investi du titre de son cédant, vendeur de l'immeuble, il doit par cela même non-seulement jouir de ses droits, mais encore être soumis à ses obligations, conséquence tout à fait contraire à l'intention des parties qui n'ont voulu que transmettre au cessionaire les droits du venteur, et non pas faire peser sur lui ses obligations.

D'autre part si, au lieu de supposer la cession de l'action *venditi*, nous supposons que Primus transporte à Tertius sa créance sur Secundus, c'est-à-dire le droit corrélatif à l'obligation de Secundus, consistant dans le paiement de la somme de 1000, Tertius investi du droit de Primus a pour obligé Secundus. Tertius se trouvera donc mis aux lieu et place de Primus; il sera créancier des 1000 comme si Secundus s'était obligé envers lui; comme si le contrat de vente, qui a rendu primitivement Secundus débiteur de Primus, avait été passé entre Tertius et Secundus. Puisque Tertius est vendeur, à la place de Primus qui a cessé de l'être, il doit avoir tous les droits découlant du contrat de vente, c'est-à-dire non-seulement les actions résolutoires, mais encore les actions en nullité et en rescision. Or, ce résultat est inadmissible; il est contraire à l'intention des parties, qui en passant le contrat de cession, ont peut-être bien voulu donner au cessionnaire les moyens coërcitifs pour le recouvrement du prix de vente, mais non les actions qui tendent à faire disparaître ce prix pour lui substituer l'immeuble. Et cependant ce résultat inadmissible découle logiquement de l'idée que le cessionnaire est investi du droit que lui confère le cédant, comme un acheteur d'une chose corporelle l'est du droit de propriété que lui a transmis son auteur. Ainsi, quoique d'une part on ne puisse, sans méconnaître l'intention des parties et le but qu'elles ont voulu atteindre, accorder au cessionnaire d'un prix de vente les actions en nullité et en rescision; d'autre part, si l'on regarde le cessionnaire comme créancier aux lieu et place du cédant, on ne peut, sans violer le principe que l'on admet, lui refuser les actions en nullité et en rescision.

CHAPITRE II.

DE LA NATURE DE LA CESSION DE CRÉANCES SOUS L'EMPIRE DU CODE NAPOLÉON.

Des explications que nous avons données au commencement du chapitre précédent il ressort que la cession de créances est une vente. Le droit personnel compétant au cédant passe par la seule convention des parties dans le patrimoine du cessionnaire, comme s'il s'agissait d'un droit réel. [1]

La cession présente de très-grandes affinités

[1] Cette proposition n'est toutefois exacte qu'en ce qui concerne les rapports du cédant et du cessionnaire. Dans les rapports du cessionnaire avec les tiers, le cédant n'est dessaisi de la créance que par la signification du transport ou par l'acceptation de ce transport dans un acte authentique (art. 1689 et 1690 du Code Nap., cbn. 1138 etc.).

avec la délégation[1] et la subrogation. Ces trois opérations que la pratique confond très-souvent, puisque dans chacune d'elles on voit un nouveau créancier mis à la place d'un précédent, diffèrent entre elles de la manière la plus sensible, et dans leur nature, et dans leur but et dans leurs effets. Aussi, avant d'aller plus loin, croyons-nous nécessaire de déterminer les différences essentielles qui séparent ces trois opérations. C'est à quoi nous allons consacrer les deux chapitres suivants.

CHAPITRE III.

DES DIFFÉRENCES QUI EXISTENT ENTRE LA CESSION ET LA DÉLÉGATION.

Pour déterminer les différences qui séparent la cession de la délégation, nous avons, avant tout, à décrire le caractère de chacune de ces opérations. Nous connaissons la nature de la cession; voyons ce que c'est que la délégation.

Delegare, dit la loi 14 ff., *de novat., est vice sua alium reum creditori dare, vel cui jusserit.* La délégation est donc, *sensu lato,* l'acte par lequel un débiteur donne à un créancier ou à quelqu'un indiqué par ce dernier une tierce personne qui lui est obligée.

La délégation est imparfaite, lorsque le débiteur

[1] Le terme *délégation* est pris ici dans un sens restreint, et désigne la délégation qui emporte novation.

charge tout simplement son créancier de toucher d'une tierce personne la somme qu'elle lui doit. Cette opération se nomme encore *indication de paiement.*

La délégation est parfaite lorsque le débiteur délégant donne à son créancier un autre débiteur qui s'oblige envers lui, et que le créancier délégataire accepte cet engagement.

La délégation parfaite n'emporte pas par elle-même novation. Pour que ce résultat se produise, il faut la déclaration expresse du créancier qu'il entend décharger son débiteur (art. 1275 du Code Nap.).

Nous avons maintenant à faire voir en quoi la délégation imparfaite et la délégation parfaite, emportant novation, diffèrent de la cession.

A. La délégation imparfaite, comme la cession, n'exige que le concours de deux personnes, celui du délégant et celui du délégataire. Le consentement du débiteur délégué n'est pas nécessaire.

Mais cette opération diffère de la cession et dans sa nature et dans effets. Elle diffère de la cession dans sa nature; car, tandis que celle ci est une vente de la créance, la délégation imparfaite est un pouvoir que le délégant donne à son créancier.

Elle diffère de la cession dans ses effets; car le délégant, mandant du délégataire, peut révoquer le pouvoir qu'il a donné à celui-ci.[1] Le cédant, au contraire, est dépouillé irrévocablement de son

[1] L'acceptation de l'indication de paiement de la part du créancier indiqué rend le mandat irrévocable.

droit de créance. En second lieu, l'insolvabilité du débiteur délégué est supportée par le délégant; celle du débiteur cédé est à la charge, non du cédant qui a vendu la créance telle qu'elle se comportait, mais du cessionnaire (art. 1694 du Code Nap.).

B. La délégation parfaite, emportant novation, exige le concours de trois personnes, celui du délégant, celui du débiteur délégué, celui du délégataire.

La cession n'exige que le concours du cédant et celui du cessionnaire.

La première produit l'extinction de deux obligations :

1° Celle de l'obligation existante entre le délégant et le délégataire.

2° Celle de l'obligation à laquelle était soumis le débiteur délégué vis-à-vis du délégant.

La seconde laisse subsister l'ancienne dette, qui passe au cessionnaire avec tous ses accessoires.

L'obligation dont est tenu le débiteur délégué vis-à-vis du délégataire est une obligation nouvelle.

Le débitenr cédé n'a fait que changer de créancier, sans contracter de nouvelle dette.

Le but du créancier qui accepte une délégation est de toucher le montant de sa créance; aussi la loi déclare-t-elle le délégant responsable de l'insolvabilité présente du délégué (art. 1276).

Le cessionnaire, au contraire, est un spéculateur; il achète la créance pour faire un bénéfice, et par suite la loi ne soumet le cédant qu'à la garantie de l'existence de la créance au temps du transport : l'insolvabilité du débiteur est à la charge du cessionnaire (art. 1693 et 1694).

CHAPITRE IV.

DES DIFFÉRENCES QUI SÉPARENT LA CESSION DE LA SUBROGATION.

Sensu lato, le mot subrogation désigne la substitution d'un nouveau créancier à un ancien, peu importe la manière dont s'est opérée cette mutation.

Sensu stricto, ce terme exprime dans notre droit actuel l'acquisition d'une créance par une personne qui paie au créancier ce qui lui est dû.

La subrogation a été imaginée, pour permettre à ceux qui avaient employé leur argent à la libération d'un débiteur, de recouvrer les sommes qu'ils avaient déboursées dans l'intérêt de ce dernier. L'opération, qui a lieu entre le tiers et le créancier, est en réalité un paiement extinctif de la dette. Mais pour donner à celui qui paie, 1° les gages, hypothèques ou priviléges du créancier désintéressé; 2° une action contre ceux qu'il ne peut atteindre par l'action *negotiorum gestorum* ou *mandati contraria*, on lui permit de se faire céder par la quittance même les actions que le créancier pouvait avoir contre le débiteur ou toutes autres personnes tenues de la dette. Or, cette idée de cession étant en contradiction avec celle d'un paiement, on pensa devoir créer la fiction suivante : Vis-à-vis du créancier, la somme fournie par le tiers est versée à titre de paiement. Mais vis-à-vis du débiteur et de ses ayants-cause, on considère cette somme comme le prix de la cession que le créancier est censé faire de son droit au subrogé. (Voyez L. 36, *de fidejuss. et mand.*, D., édit de Henri IV du mois de mai 1609; Pothier, introduction au titre XX de la coutume d'Orléans, n° 80. Exposé des motifs par Bigot de Préameneu «si celui qui paie se fait subroger, dit-il, il n'y a plus paiement, mais transport de la créance.» Les tribuns Jaubert et Mauricault ne sont pas moins explicites. Voyez également les articles 1250 1° et 2°, 874, 2029, 1213, cbn avec 1251 3° du Code Nap.).

Nous définirons donc la subrogation une fiction légale en vertu de laquelle une créance éteinte au moyen du paiement effectué par un tiers, ou par le débiteur avec les deniers qu'un tiers lui a fournis à cet effet, est reputée cédée au profit de ce dernier qui est autorisé à la faire valoir dans la mesure de ce qu'il a déboursé [1].

La subrogation est par conséquent une opération qui présente un double caractère. Entre le subrogeant ou ses ayants-cause et le subrogé, c'est un paiement; entre le subrogé et le débiteur ou ses ayants-cause, c'est une cession fictive. «Le paiement, quoique fait avec subrogation, nous dit Pothier, est un vrai paiement, et ce n'est que par une fiction que celui qui est subrogé au créancier est plutôt censé avoir acheté de lui sa créance que de

[1] Le terme *subrogation* était inconnu des Romains, qui se servaient des expressions *cessio actionum*, *successio*, *substitutio*, *in locum priorum creditorum succedere*. Il fut emprunté au droit canonique (Renusson, chap. Ier, n° 8), d'où il passa dans la pratique. Enfin, au mois de mai 1609, il fut consacré législativement par une ordonnance du roi Henri IV.

l'avoir payée, *magis emisse, quam solvisse intelligitur;* cette fiction ne doit profiter qu'à lui.»

Ces principes posés, le caractère de la subrogation nettement déterminé, il est facile de faire voir les différences qui la séparent de la cession.

La cession-transport diffère de la subrogation, dans sa nature juridique, dans ses effets, dans ses conditions.

a) La cession est une vente, le paiement avec subrogation est un acte ayant pour but la libération du débiteur. Le cessionnaire qui paie le prix de la créance, le paie à titre de prix de vente, le subrogé, au contraire, verse ses fonds à titre de paiement. En cas de transport, la créance n'est nullement éteinte, elle continue d'exister purement et simplement; elle ne fait que passer d'une main à l'autre. Dans le cas de subrogation, la créance est éteinte en réalité, et ce n'est qu'au moyen d'une fiction juridique que, vis-à-vis du débiteur, cette créance est censée survivre au paiement.

b) De ces différences de nature résultent des différences dans les effets.

Et d'abord si la créance n'existe pas, le subrogé aura contre le subrogeant une action en répétition de l'indû; et celui-ci ne sera tenu des intérêts de la somme qui lui a été payée, ni des frais de la quittance subrogatoire que s'il a été de mauvaise foi. Dans le cas de cession, au contraire, l'inexistence de la créance donne lieu à une action en garantie, et permet au cessionnaire de réclamer au cédant, lors même que celui-ci serait de bonne foi, 1° le prix de vente, 2° les intérêts de ce prix, 3° les frais.

En second lieu, le subrogé ne peut jamais demander au débiteur que le montant de ses déboursés; le cessionnaire a toujours droit au montant intégral de la créance qui lui a été cédée.

En troisième lieu, lorsqu'on se trouve en présence d'une subrogation, si le créancier n'a touché qu'un paiement partiel, le subrogeant obtient, de préférence au subrogé, le paiement de ce qui lui est dû[1] (art. 1253[2] Code Nap.). En matière de cession le cédant d'une partie de la créance ne jouit

[1] La subrogation ne peut jamais nuire au créancier qui l'a consentie : «*nemo contra se subrogasse censetur.*» Mais les rédacteurs du Code Napoléon ont exagéré cette règle, en admettant que le subrogeant serait préféré au subrogé. Par exemple, Secundus paie jusqu'à concurrence de 5000 francs une dette de 10,000 dont Primus est créancier. Secundus est subrogé. Si nous supposons que la dette soit hypothéquée et que l'immeuble grevé ne puisse produire que 5000 francs, d'après la disposition de l'article 1252, si le débiteur subit des poursuites en expropriation, Primus aura les 5000 francs et Secundus n'aura rien. Cette attribution exclusive faite à Primus est injuste. La subrogation, il est vrai, ne doit pas nuire au subrogeant. Mais, si l'on partageait les 5000 francs, Primus ne souffrirait pas de préjudice; car il obtiendrait 7500, tandis que, sans la subrogation, il n'aurait touché que 5000 francs. Donc la répartition proposée entre Primus et Secundus, loin de nuire à Primus, lui serait encore favorable

[2] L'article 1252 n'est pas applicable si la dette est chirographaire, sans être munie de cautions. En effet, le subrogé dira au subrogeant, lorsque celui-ci invoque l'article 1252 : «Je renonce à la subrogation; je me contente de l'*actio mandati* ou de l'action *negotiorum gestorum.*»

d'aucune préférence au préjudice du cessionnaire.

c) La cession et la subrogation diffèrent également dans leurs conditions; ainsi tandis que le cessionnaire n'est saisi de la créance à l'égard des tiers que par la signification de la cession faite au débiteur, ou par l'acceptation de la cession faite par ce dernier dans un acte authentique (art 1690), le subrogé est créancier du débiteur, indépendamment de l'accomplissement des formalités de l'article 1690.

En second lieu, la cession peut être faite pour un prix inférieur au montant de la valeur de la créance. Les droits du subrogé, au contraire, se mesurent d'après la somme que celui-ci a déboursée pour la libération du débiteur.

Enfin, en dernier lieu, celui qui fait ou accepte une cession, doit être capable de vendre et d'acheter, tandis que la capacité requise pour consentir ou obtenir la subrogation est celle de pouvoir recevoir ou faire un paiement.

CHAPITRE V.

DES PERSONNES QUI PEUVENT FAIRE OU ACCEPTER UN TRANSPORT.

Toute personne est capable de contracter, si elle n'en est déclarée incapable par la loi. Ainsi la capacité de faire ou d'accepter un transport est de droit commun, et c'est l'incapacité de concourir à de telles opérations, qui constitue l'exception (art. 1594 Code Nap.).

C'est à l'étude des incapacités de céder ou de se rendre cessionnaire que nous consacrerons ce chapitre. Toutefois nous ferons remarquer que nous laisserons de côté, dans notre travail, l'étude des incapacités générales de contracter résultant de la minorité, de l'interdiction ou de la qualité de femme mariée.[1] Nous n'avons à nous occuper ici que des incapacités spéciales d'acheter ou de vendre une créance. Ces incapacités sont prévues dans les articles 1595, 1596 et 1597 du Code Nap.

Dans l'article 1595 le législateur prohibe la vente entre époux.

Dans l'article 1596 il prononce une incapacité d'acheter, dans certains cas déterminés, contre trois classes de personnes, contre les tuteurs, les mandataires, les administrateurs des biens des communes ou des établissements publics.

Enfin, l'article 1597 défend aux juges, aux suppléants, au membres du ministère public, aux avocats etc., d'acheter les droits litigieux qui sont de la compétence du tribunal dans le ressort duquel ils exercent leur fonctions.

[1] Lorsque la femme mariée est séparée de biens, par exception à la règle générale de l'article 217, qui lui défend de passer toute espèce de contrat sans le consentement de son mari, elle peut disposer de son mobilier et l'aliéner (art. 1449). Ainsi la femme séparée de biens peut faire un transport sans le consentement de son mari ou de justice.

§ I. *De l'incapacité de faire ou d'accepter un transport édictée par l'article* 1595.

La vente d'une créance ou de tout autre objet ne peut en général avoir lieu entre époux. [1]

Les motifs de cette incapacité sont multiples. On a d'abord craint qu'un époux ne se laissât entraîner trop facilement à faire à son conjoint des libéralités excessives, déguisées sous une vente, de telle sorte que les héritiers réservataires pourraient très-difficilement sauvegarder leurs droits de réserve.

En second lieu, les libéralités qu'un époux aurait pu faire à son conjoint, sous l'apparence d'une vente, auraient présenté un caractère d'irrévocabilité que ne doivent pas avoir les donations entre époux.

Enfin, en troisième lieu, la vente entre époux faciliterait la fraude en permettant à l'un des conjoints de faire passer, dans le patrimoine de l'autre, des biens qu'il voudrait soustraire à l'action de ses créanciers personnels.

L'incapacité de l'article 1593 n'atteint point les futurs époux dans l'intervalle qui sépare le contrat de mariage de la célébration du mariage. Toutefois des cessions, faites dans cet intervalle, pourraient être considérées comme non avenues, si elles portaient atteinte à la règle de l'article 1396.

[1] Les motifs de la prohibition de la vente entre époux avaient fait défendre autrefois tout contrat entre époux (Voyez Coutume de Nivernais, chap. XXIII, art. 27; de Bourbonnais, art. 226; de Normandie, art. 410).

Le législateur a, par exception, levé dans trois cas la prohibition de la vente entre époux.

Le premier cas concerne l'hypothèse où les deux époux, étant séparés de biens judiciairement, l'un d'eux se trouve être créancier de l'autre. La loi permet la cession ou la vente pour l'extinction de cette créance. Il importe peu que la cession soit faite par le mari à la femme, ou par la femme au mari ; que les époux se soient trouvés placés avant la séparation de biens sous un régime matrimonial ou sous un autre.

Le second cas où le législateur a levé la prohibition de la cession entre époux, est celui où le transport que le mari fait au profit de sa femme a une cause légitime. Ici le mari seul a le droit de faire la cession, et cette cession sera licite toutes les fois que celui-ci sera, vis-à-vis de sa femme, débiteur de sommes actuellement remboursables. La cause légitime de la cession peut d'ailleurs se rencontrer sous tous les régimes matrimoniaux.

Arrivons au troisième cas. Il se présente, lorsque les époux sont mariés sous un autre régime que la communauté. C'est là, en effet, le sens des termes de la loi «lorsqu'il y a exclusion de communauté;» car il n'y a pas de différence, pour l'application de cette troisième exception, entre le régime exclusif de communauté et le régime dotal. Toutes les fois donc que sous un régime autre que la communauté la femme est débitrice de sa dot, elle pourra la payer en cédant des créances à son mari.

Le 3° de l'article 1595 ne s'applique pas au cas où les époux sont mariés sous le régime de la communauté. Le législateur aura pensé qu'il n'y avait pas de raison suffisante pour autoriser la femme de céder ses propres, puisque la communauté en a l'usufruit.

Dans les trois cas où le législateur permet, par exception, la cession entre époux pour faciliter la libération de l'un d'eux, nous avons moins à faire à un transport qu'à une *datio in solutum*. Si l'opération est une *datio in solutum*, l'inexistence de la créance, en considération de laquelle la *datio* a eu lieu, rend celle-ci inexistante, comme convention faite sans cause. Si, au contraire, les époux ont fait un transport, l'inexistence de la créance affecte ce contrat d'un vice de nullité.

La sanction de la règle, qui prohibe la cession entre époux, en dehors des cas exceptés par la loi, est en effet la nullité (art. 1595). L'action en nullité appartient à chacun des époux, à leurs héritiers, et même à leurs créanciers, exerçant les droits et actions des deux époux en vertu de l'art. 1166 du Code Napoléon. Elle se prescrit par dix ans courant à partir de la dissolution du mariage (art. 1304, C. Nap).

Ce que nous venons de dire de l'action en nullité et de l'attribution que nous en faisons aux héritiers et aux créanciers ne saurait être contesté, même si le transport renferme une donation déguisée. La nullité de cette donation est en effet établie par l'article 1099, sainement interprété. En second lieu, l'article 1595 suffirait à lui seul pour justifier notre solution; car pour qu'une donation déguisée soit valable, il faut avant tout que le contrat qui cache la donation le soit (En ce sens : Duranton, 16, 183 et 184. Cass. 31 janvier 1837. Sir. 37, I, 533. Aubry et Rau III, page 244, Note 25. En sens contraire : Toullier, 12 41. Troplong, I, 185. Duvergier I, 183 et 184).

§ II. *De l'incapacité d'accepter un transport édictée par l'article* 1596.

Les tuteurs ne peuvent acheter aucune créance contre leurs pupilles (art. 450 3°), ni se rendre cessionnaires des droits dont ceux-ci sont investis (art. 1596).

La loi en nous parlant des tuteurs, dans les articles 450 et 1596, n'a pas distingué entre les tuteurs des mineurs et ceux des interdits. D'autre part, nous croyons que le cotuteur (art. 396), et le protuteur (art. 417), étant des tuteurs, seraient, par cela même, atteints par la prohibition. Mais la règle de l'article 1596 ne pourrait être étendue au subrogé tuteur, au curateur, au conseil judiciaire.[1]

En second lieu, les mandataires ne peuvent se rendre cessionnaires des créances qu'ils sont chargés de vendre.

Enfin, en quatrième lieu, les administrateurs des biens d'établissements publics ou communaux ne peuvent acheter les créances, qui compètent aux personnes morales dont ils doivent gérer les biens (Voyez art. 1596).

[1] Duranton, XVI, 134, 135 et 136; Duvergier, I, 188; Troplong, I, 187; Aubry et Rau, III, 240; M. Mugnier, en son cours.

Lorsque les prohibitions de l'art. 1596 ont été enfreintes, la cession est affectée d'une nullité relative, qui ne peut être proposée par les personnes contre lesquelles est établie la défense d'acheter.

Une cession faite au mépris de l'article 1596 est donc nulle, qu'elle soit faite directement ou par personnes interposées, qu'elle soit préjudiciable ou avantageuse au cédant.[1] Remarquons maintenant pour terminer ce paragraphe que la question de savoir, si celui qui figure, comme cessionnaire, est une personne interposée, est une question laissée à l'appréciation du juge. Les présomptions d'interposition de personnes, établies en matière de donations, et qui sont *juris* et *de jure* (art. 1352), ne pourraient être invoquées ici, directement et de droit.

§ III. *De l'incapacité de se rendre cessionnaire édictée par l'article* 1597.

L'article 1597 déclare certaines personnes incapables de se rendre cessionnaires de créances litigieuses. Cet article qui ne fait que reproduire une prohibition déjà introduite par les ordonnances de 1356, de 1535, article 23, de 1560, article 54, et de 1629, article 94, a sa base dans trois motifs.

En premier lieu la dignité des fonctionnaires énu-

[1] En ce qui concerne l'incapacité qui frappe les tuteurs, voyez et comparez livre Ier, chap. V, 6o, et livre III, chap. VIII, 2o. Aujourd'hui, si un tuteur achetait une créance contre son pupille, la dette de celui-ci ne serait pas éteinte après l'annulation de la cession, comme elle l'était en droit romain.

mérés dans l'article 1597 serait compromise, s'ils se rendaient cessionnaires d'une créance litigieuse. On doit, en effet, supposer que le droit litigieux n'a été acquis qu'en vue d'une spéculation.[1]

En second lieu, on a voulu protéger le débiteur contre l'influence possible des cessionnaires indiqués dans l'article 1597.

Enfin en troisième lieu, on a cherché à protéger le créancier, qui ne serait pas toujours moralement libre de refuser la cession que lui demanderait un de ces fonctionnaires.

«Les juges, leurs suppléants, les magistrats remplissant le ministère public, les greffiers, huissiers, avoués, défenseurs officieux et notaires ne peuvent devenir cessionnaires des procès etc., etc.»

Parmi les personnes énumérées dans l'article 1597, et auxquelles s'applique la prohibition établie par cet article, se trouvent les défenseurs officieux.

A l'époque où l'article 1597 a été voté, les défenseurs officieux exerçaient la profession d'avocats. C'est donc aux avocats qu'il faut aujourd'hui appliquer la règle prohibitive. Les prohibitions de l'article 1597 ne s'appliquent, d'ailleurs, pas seulement aux membres des tribunaux ordinaires, mais même à ceux des tribunaux de commerce, aux conseillers d'État, qui sont juges au contentieux administratif (Duvergier I, 196, Troplong I, 198, Dalloz, V° Vente).

«Ne peuvent devenir cessionnaires des procès,

[1] Ces fonctionnaires ont, en effet, une influence sur la solution du procès.

droits et actions litigieux, continue l'article 1597.»

Quel est le sens du mot «litigieux» dans notre article? Nous croyons que le terme litigieux de l'article 1597 n'a pas le même sens restrictif que celui qui lui appartient dans l'art. 1700 au cas du retrait de droits litigieux. Autrement, en effet, le but que la loi s'est proposé, dans l'article 1597, ne serait pas atteint. Nous sommes d'avis qu'un droit est litigieux, d'après l'article dont nous présentons actuellement le commentaire, non-seulement lorsqu'il a déjà donné lieu à une contestation, mais encore lorsque, plus tard, il peut y donner lieu.

On a cependant soutenu que les mots «droits et actions litigieux» désignent les droits qui sont l'objet d'un litige existant déjà. Pour le décider ainsi, on a d'abord dit que la loi ayant défini ces mots dans l'article 1700, ces mêmes expressions ne pouvaient avoir un sens différent dans l'article 1597. On a, en second lieu, argumenté du rapport du tribun Faure, qui avait purement et simplement répété, en parlant de l'incapacité prononcée par l'article 1597, la définition donnée dans l'article 1700 des expressions «droits litigieux.»

Nous ne saurions partager cette manière de voir. A l'autorité du tribun Faure nous opposons celle de *Portalis* qui, dans l'exposé des motifs, parle de la défense faite à certaines personnes de devenir cessionnaires de droits et actions litigieux, qui sont ou peuvent être portés devant le tribunal, etc, etc. En deuxième lieu, à l'appui de notre solutution nous argumentons du contexte de l'article 1597, où les mots «droits et actions litigieux» sont placés à côté du terme «procès». Il n'est pas à supposer en effet, que par ces trois mots, la loi n'ait voulu exprimer qu'une seule et même idée. Enfin notre solution est seule conforme au but que le législateur s'est proposé en écrivant l'article 1594 (En ce sens : Aubry et Rau, page 329. Duranton, 16, 141. Troplong, I, 200. Duvergier, I, 199).

«Droits et actions litigieux qui sont de la compétence du tribunal dans le ressort duquel ils exercent leurs fonctions, ajoute l'article 1597. . . . ».

Ainsi les juges, les avocats d'une cour impériale ne peuvent se rendre cessionnaires d'une créance litigieuse de la compétence en premier ressort d'un tribunal qui dépend de cette cour impériale. Mais les juges, les avocats d'un tribunal d'arrondissement, pourraient se rendre cessionnaires d'un droit de créance de la compétence d'un autre tribunal, qui se trouve dans le ressort de la même cour impériale. C'est ce qui résulte du texte même de l'article 1597 (Troplong, I, 99. Duvergier, I, 198. Aubry et Rau, III, 329, Note 2).

La sanction de la règle prohibitive de l'article 1597 est la nullité de la cessio n. Par qui cette nullité peut-elle être proposée ?

A. Dans un premier système on admet que le débiteur cédé peut seul provoquer l'annulation de la cession, car c'est dans son unique intérêt, dit-on, que la nullité a été introduite.

B. Dans un second système on soutient que cette nullité peut être invoquée par le cédant et par le débiteur cédé.

C. Enfin dans un troisième système qui est celui

auquel nous nous rallions, on décide que la nullité, dont se trouve entachée la cession, étant d'ordre public, est absolue, et peut par conséquent être proposéé par toute personne. L'action en nullité de la cession, faite au mépris de la disposition de l'article 1597, compète même au cessionnaire. En vain, nous objecterait-on la maxime «nemo ex delicto suo actionem consequi potest.» Nous répondrions par cette considération que le cessionnaire ne puise aucun droit dans son délit, mais que la loi lui accorde ce droit, par un motif d'ordre public (Voyez en sens contraire, Aubry et Rau, tome III, page 329).

Lorsque la nullité d'une cession, faite en violation de l'article 1597 a été prononcée, si le cessionnaire a reçu un paiement du débiteur cédé, le cédant pourra répéter du cessionnaire ce que celui-ci a touché. A son tour le cessionnaire pourra répéter du cédant le prix de cession qu'il a payé.

Lorsque le débiteur cédé est poursuivi par le cessionnaire, avant l'annulation de la cession, il peut à son choix écarter les poursuites de ce dernier, et demander la nullité du transport, ou plaider contre le cessionnaire, en l'acceptant comme adversaire. Si le cédé plaide contre le cessionnaire, et qu'il gagne son procès, le jugement aura force de chose jugée contre le cédant; car, dans ce cas, le cessionnaire doit être considéré comme le mandataire du cédant. Si au contraire le débiteur cédé succombe, le cédant pourra, après avoir fait annuler la cession, poursuivre le cessionnaire, et répéter ce que celui-ci a reçu du débiteur.

Lorsque le cessionnaire est une des personnes énumérées par l'article 1597, il ne peut se prévaloir de la nullité de la cession, pour échapper au retrait litigieux que le débiteur cédé exercerait en vertu de l'article 1699. Et, en effet, on méconnaîtrait l'esprit de la loi, si l'on admettait que le retrait litigieux possible lorsque la cession n'est entachée d'aucun vice, cesse de l'être, quand le cessionnaire est en faute, et que la cession est annulable. Mais si le débiteur cédé exerce le retrait, le cédant va se trouver en perte. C'est au cessionnaire, qui a accepté une cession contrairement à la prohibition de l'article 1597, à l'en indemniser. Par exemple, Primus, créancier de 1000 francs de Secundus, cède la créance à Tertius, qui est une des personnes énumérées dans l'article 1597, pour la somme de 700 francs. Secundus, au lieu de demander la nullité de la cession, exerce le retrait; il rembourse donc à Tertius le prix de la cession. Mais Primus, le cédant, a également le droit de faire annuler la cession. S'il en demande la nullité, il devrait pouvoir rentrer dans ses droits originaires, ce qui est impossible, puisque le débiteur est libéré. Eh bien, dans l'hypothèse prévue, Primus, après avoir fait prononcer la nullité de la cession, pourra réclamer à Tertius la différence entre le montant de la créance et le prix de retrait, c'est-à-dire 300 francs.

Pour terminer ce paragraphe, nous noterons que les exceptions, admises en matière de retrait litigieux par l'article 1701, ne peuvent être étendues à la cession faite contrairement à la disposition de l'article 1597. Et d'abord l'article 1701 est un article exceptionnel qui doit être interprété restrictivement. En second lieu, il n'y a pas analogie entre les deux matières ; car dans le cas de l'article 1597, il y a un intérêt d'ordre public en jeu, intérêt qui exige le maintien complet de la règle posée par cet article. D'ailleurs l'exception admise par l'article 1701, 2°, présenterait, si elle était appliquée au cas de l'article 1597, tous les inconvénients en raison desquels cet article a été édicté.

§ IV. *Appendice.*

Lorsque deux époux sont mariés sous le régime de la communauté légale ou sous le régime dotal, le mari peut-il céder les créances propres de la femme?

Comme l'indique la rubrique même de notre paragraphe, nous avons deux questions à résoudre. La première consiste à savoir si le mari, administrateur des biens de la communauté légale, peut disposer des créances propres de la femme ; la seconde, si le même droit appartient au mari, lorsque les époux sont mariés sous le régime dotal?

PREMIÈRE QUESTION : *Les époux sont mariés sous le régime de la communauté légale.*

Deux opinions diamétralement opposées ont été professées sur cette question.

Parmi les jurisconsultes, les uns décident que le mari peut aliéner les meubles propres de la femme, et par conséquent les créances de cette dernière, comme les biens de la communauté; les autres, au contraire, sont d'avis que la femme, étant seule propriétaire de ces meubles, c'est à elle seule que peut appartenir le droit d'en disposer avec le consentement de son mari [1].

Nous allons commencer par développer la première opinion, la réfuter ensuite, et enfin exposer en troisième lieu celle à laquelle nous nous rallions.

A. La première opinion, qui a pour elle l'autorité de l'ancien droit, réunit le plus de suffrages; et les arguments par lesquels on cherche à la justifier, ont, nous ne saurions le nier, une valeur incontestable.

Le mari, dit-on, a l'administration des biens personnels de la femme. Cela étant, comme l'administration des biens d'une personne ne peut se concevoir sans une certaine faculté de disposition, relativement aux choses de peu de valeur, le mari doit avoir nécessairement le droit d'aliéner les meubles propres de sa femme. Et ce premier argument, on le fortifie par deux autres, dont l'un est tiré du titre de la minorité, de la tutelle, etc., et l'autre de l'article 1449 du Code Napoléon. Les rédacteurs du Code Napoléon, dit-on, qui ont pris tant de soins pour sauvegarder les intérêts des mineurs, vis-à-vis de leurs tuteurs, tout en défendant à ces derniers d'aliéner les immeubles de leur pupille, sans

[1] Voyez dans le sens de l'affirmative : Lebrun, chap. II, sect. I, dist. 3, n° 18; Bourjon, *Droit commun de la France*, tit. X, part. IV, chap. II, nos 8 et 9; Pothier, n° 325; Aubry et Rau, t. V, p. 384, note 20.

En sens contraire : M. Mugnier, en son cours; Paris, 15 février 1839. Sir. 40 2, 212. Cass., Req. rej., 2 juillet 1840. Sir. 40, 1, 887. Paris, 3 janvier 1852, Sir. 52, 2, 133.

l'accomplissement de certaines formalités, leur permettent d'aliéner les meubles, parce que cet acte est nécessaire pour l'administration de la fortune du mineur. De même, lorsque la communauté est dissoute par la séparation de biens, et que la femme reprend l'administration de sa fortune personnelle, celle-ci obtient en même temps le droit de vendre ses meubles, et cela toujours pour la même raison, parce que cette aliénation est quelquefois nécessaire à l'administration de ses biens.

En troisième lieu, on argumente de l'article 1428 qui, en accordant au mari le droit d'intenter les actions possessoires et mobilières qui appartiennent à la femme, lui confère par cela même et virtuellement la faculté d'aliéner les droits que ces actions sanctionnent.

Enfin, en quatrième lieu, on prétend tirer un argument péremptoire de ce même article 1428, qui, en défendant au mari d'aliéner les immeubles propres de la femme, lui permet par cela même et *a contrario*, d'aliéner ses meubles.

B. Nous n'avons pu nous rallier à cette opinion. De ce que le mari a l'administration, même *cum liberrima potestate*, des biens personnels de sa femme, il n'en résulte nullement comme conséquence nécessaire, qu'il peut aliéner les meubles de cette dernière. Sans doute, cette faculté est accordée au tuteur, administrateur des biens de son pupille. Mais qu'on y prenne garde !! La position du tuteur et celle du mari, chef de la communauté légale, ne sont pas les mêmes. La personne du tuteur, en effet, efface complétement celle du mineur, et si le premier ne fait pas sur les biens du second les réparations nécessaires, il est responsable de sa négligence. Le mari, au contraire, quoique administrateur des biens de sa femme, ne représente pas celle-ci de la même façon qu'un tuteur; et si la femme ne veut pas procurer à son mari les moyens de faire les réparations nécessaires pour l'entretien de ses propres, celui-ci n'encourt aucune responsabilité.

La situation est également différente lorsque la femme administre ses propres biens dans le cas de l'article 1449 ; car, en disposant de ses meubles, elle dispose de biens dont elle est propriétaire.

Quant au troisième argument, il n'est pas plus fondé que les deux premiers. Et en effet, une personne peut avoir le droit d'intenter les actions possessoires et mobilières, sans avoir pour cela le droit d'aliéner. Et pour le démontrer, il suffit de se reporter aux règles du régime dotal, d'après lesquelles le mari peut intenter les actions pétitoires au nom de sa femme, et cependant il ne peut disposer des immeubles dotaux.

Enfin, l'argument *a contrario* qu'on a voulu tirer de l'article 1428 est loin d'être concluant. Les arguments de cette espèce n'ont de valeur que lorsque l'on sort d'une exception pour rentrer dans une règle. Or, comme la règle générale est que celui-là seul, qui est propriétaire, peut disposer des biens qui lui appartiennent, on sortirait de la règle pour rentrer dans l'exception.

Nous croyons donc que, sous le régime de la

communauté, le mari ne peut disposer des créances personnelles de la femme.

Notre solution est, d'ailleurs, clairement établie par l'article 818 du Code Napoléon. Cet article porte que le mari peut, sans le consentement de sa femme, provoquer le partage des objets, meubles et immeubles, qui tombent dans la communauté. A l'égard des objets qui n'y tombent pas, la loi dispose que le mari ne peut en provoquer le partage. Or, partager, c'est aliéner; si le mari ne peut partager les meubles qui ne tombent point en communauté, il ne peut pas non plus en disposer.

DEUXIÈME QUESTION : *Les époux sont mariés sous le régime dotal.*

La question spéciale de savoir si le mari peut transporter les créances de sa femme, lorsque celle-ci est mariée sous le régime dotal, revient à ces deux questions générales : 1° la dot mobilière est-elle aliénable? 2° le mari peut-il, sans le concours de sa femme, disposer des biens meubles de celle-ci?

Pour résoudre ces deux questions, nous ne croyons pas inutile de remonter au droit romain.

A Rome, le mari, propriétaire de la dot (Gaius II, § 62 et 63, *Ins. Just.*, II, VIII, *princ.*), pouvait aliéner les meubles dotaux; la loi Julia et Justinien n'avaient parlé que des immeubles. Seulement la femme avait contre son mari une créance garantie par une hypothèque légale privilégiée. Elle pouvait d'ailleurs renoncer à cette hypothèque.

Justinien restreignit cette faculté de renoncer. A partir de la Novelle 61, la femme ne pouvait plus renoncer à son hypothèque légale sur les biens des donations *ante nuptias.*

Voilà pour le droit romain.

Certains commentateurs, interprétant mal la loi 30 C., *de jure dotium*, avaient cru, à tort, que la femme avait le droit de revendiquer ses meubles dotaux contre les tiers, dans le cas où son droit de créance contre son mari n'aboutirait pas. D'un autre côté, les commentateurs avaient généralisé la disposition de la Novelle 61. Les parlements à leur tour, sans aller toutefois jusqu'à attribuer à la femme le droit de revendication des meubles dotaux, admettaient que la femme ne pouvait renoncer à son hypothèque légale, et que les engagements qu'elle avait contractés ne pouvaient même, après la dissolution du mariage, être exécutés sur ses meubles.

Arrivons aux rédacteurs du Code Napoléon. Qu'ont-ils fait?

L'article 1554 ne parle que de l'inaliénabilité des immeubles dotaux; il semble donc que les immeubles seuls soient inaliénables. Il est vrai que les articles 1555 et 1556 parlent «de biens dotaux»; mais puisque ces deux articles parlent d'une exception à l'article 1554, il est clair que par ces mots «biens dotaux» la loi n'a voulu désigner que les immeubles. Je conclus de là que les meubles dotaux sont aliénables. Mais qui est-ce qui peut les aliéner? C'est la femme seule avec le consentement de son mari; car la femme est propriétaire de ces meubles, et nulle part la loi n'a donné au mari la faculté d'aliéner pour la femme.

Nous pensons donc que le mari ne peut transporter les créances dotales, quoiqu'il puisse en toucher le montant.

Telles ne sont cependant pas les idées qui ont prévalu dans la jurisprudence. Se conformant aux tendances qui s'étaient produites autrefois dans les parlements, la jurisprudence décide que la dot mobilière ne peut être aliénée par la femme; que le mari peut en disposer, en sa qualité d'administrateur *cum liberrima potestate.* Si la séparation de biens a fait cesser les pouvoirs du mari, la dot mobilière devient, dans ce système, tout à fait inaliénable. D'après la jurisprudence la femme ne peut donc, ni avant, ni après la séparation de biens, transporter ses créances.

CHAPITRE VI.

DESCRÉA NCES QUI PEUVENT FAIRE L'OBJET D'UN TRANSPORT.

Tout droit, toute action, portant sur une chose *in commercio*, peut être cédée et transportée, si des lois spéciales n'en ont prohibé l'aliénation. En un mot, la cession d'un droit de créance reçoit, avant tout, l'application du principe général édicté dans l'article 1898. [1]

[1] On ne peut céder :

1° Les parts éventuelles dans le produit des prises maritimes (loi du 1er octobre 1703, art. 46, et arrêté du 0 ventôse an IX, art. 42).

2° Les traitements de réforme, les pensions militaires ou civiles et celles de la Légion-d'Honneur (déclaration du 7 jan-

Ainsi l'on peut céder non-seulement les créances pures et simples, mais encore celles qui sont à terme, conditionnelles, ou éventuelles.

Les créances portant sur des choses futures peuvent également être cédées (art. 1130 du Code Nap.) Ainsi nous considérerons comme valable le transport de loyers ou fermages, ou celui des arrérages d'une rente perpétuelle ou viagère. Cependant il est nécessaire, pour la validité d'un tel transport, que la chose future existe au moins en principe, en germe, au moment du contrat. Ainsi serait nul et non avenu le transport d'une créance qui pourrait résulter de conventions non encore conclues.

vier 1799, art. 1 et 13; loi des 18-22 août 1791, art. 4; arrêté des consuls du 7 thermidor an X; avis du conseil d'État des 23 janvier, 2 février 1808, etc.; ordonnance des 27 août 1817 et 30 avril 1823; loi sur les pensions de l'armée de terre du 11 avril 1831, art. 28; loi sur les pensions de l'armée de mer du 18 avril 1831, art. 30; loi sur l'état des officiers du 19 mai 1834, art. 20; loi du 21 juin 1845, art. 7; loi sur les pensions civiles du 9 juin 1853, art. 26).

3° Les rentes viagères de la caisse des retraites pour la vieillesse; les rentes viagères attachées à la médaille militaire; les dotations des membres du Sénat (loi des 8 mars, 12 et 18 juin 1850; décret du 29 février 1852, art. 3; décret du 24 mars 1852, art. 3).

Ces pensions et rentes cesseraient d'être incessibles, si elles cessaient d'être insaisissables, c'est-à-dire que l'incessibilité cesserait pour les causes et dans la mesure pour lesquelles la loi admet la saisissabilité du droit (avis du conseil d'État des 22 décembre 1807-11 janvier 1808; loi du 11 avril 1831, art. 28; loi du 18 avril 1831, art. 30; loi du 19 mai 1834, art. 20; loi des 8 mars, 12 et 18 juin 1850, art. 5, alin. 3; loi du 10 juin 1853, art. 18).

(En ce sens : Dalloz, V° Vente 1699; Cass. Civ. 7 août 1843; Sir. 43, 1, 775; Cour. de Paris 31 janvier 1854; Sir. 54, 2, 734. En sens contraire : Aubry et Rau III, page 299, dernière colonne.)

On ne peut céder les créances qui font partie d'une succession future (art. 791. 1130 et 1600 du Code Nap.).

Lorsqu'un droit est cessible, la convention des parties ne saurait le rendre incessible (art. 6, et 1172 du Code Nap.). Ainsi les rentes viagères, constituées à titre onéreux, ne pourraient être déclarées incessibles par la convention des parties (argt. art. 544, 1172, 1594, 1598 et 1981 du Code Nap.).

Lorsque la loi ne s'est pas expliquée formellement sur la cessibilité ou l'incessibilité d'un droit, comment reconnaître que le droit est cessible ou non ? On a soutenu que toutes les fois qu'un droit est transmissible aux héritiers, il est aussi cessible entre vifs. Nous ne saurions partager cette manière de voir, car le droit d'usufruit est cessible entre vifs, et cependant il n'est pas transmissible aux héritiers. D'autres jurisconsultes ont prétendu que les droits cessibles sont ceux qui peuvent être exercés par les créanciers. Nous repoussons encore cette opinion ; et, en effet, il faudrait toujours rechercher quels sont ceux d'entre les droits qui peuvent être exercés par les créanciers ; et puis d'autre part on ne peut admettre entre les droits incessibles et ceux qui ne peuvent être exercés par les créanciers de la personne, une parfaite identité; car il y a des droits qui, quoique cessibles, sont attachés à la personne. Par exemple, l'action en révocation d'une donation pour cause d'ingratitude, celle en dommages-intérêts, naissant d'un crime ou d'un délit, actions que les Romains qualifiaient de *«vindictam spirantes»*, ne peuvent être exercées par les créanciers de la personne lésée, qui est censée avoir fait remise tacite de l'injure, si elle se tient inactive, tandis qu'elles peuvent parfaitement être cédées.[1]

L'insaisissabilité d'un droit n'empêche pas non plus la cessibilité de ce droit, si l'insaisissabilité n'est pas établie dans l'intérêt du créancier.

Nous croyons que pour la solution de la question, il faut examiner le droit en lui-même, dans sa nature, son caractère, son but, et voir l'analogie qu'il présente avec d'autres droits dont la loi a expressément autorisé ou interdit la cession.

Par application de la règle que nous venons de formuler, nous déclarerons impossible la cession du droit de retrait successoral, au profit d'un non successible; celle du droit de réclamer des aliments, soit en vertu de la loi, soit en vertu d'un acte de libéralité, lorsque ce droit est insaisissable. Que la cession du droit de réclamer des aliments dus en vertu de la loi soit prohibée, tout le monde est d'accord sur ce point (Troplong I, 227, Traité de la Vente, 95 des Trans. Aubry et Rau III, page 302). Mais nous admettons même avec MM. Aubry et Rau, *loc. cit.*, qu'il est défendu de céder des aliments concédés par un acte de libéralité et déclarés insai-

[1] Les Romains n'admettaient pas la validité d'une telle cession (voyez *supra*, livre Ier, chap. IV, lettre β).

sissables, parce que autrement le but que l'auteur s'est proposé ne serait pas atteint (Voyez en sens contraire : Troplong, Vente I, 227, Transactions N° 95).

CHAPITRE VII.

DES ÉLÉMENTS ESSENTIELS A L'EXISTENCE DU CONTRAT DE CESSION.

Il y a des conditions nécessaires à l'existence du contrat de cession ; il y en a d'autres qui ne sont que nécessaires à sa validité.

Trois éléments sont essentiels à l'existence du contrat de cession.

1° Le consentement des parties.

2° Une créance.

3° Un prix déterminé en argent.

§ I. *Du consentement des parties et du prix.*

En ce qui concerne le consentement des parties, nous n'avons aucune observation particulière à faire ; nous renvoyons purement et simplement aux principes généraux en matière d'obligations. Il en est de même du prix et des conditions qu'il doit réunir. Nous ne ferons qu'une seule remarque, c'est qu'en matière de cession de créances, la rescision pour cause de lésion n'est pas admise (argument tiré de l'art. 1674 et du but que les parties se sont proposé la plupart du temps, en faisant une cession de créances).

§ II. *De la créance.*

Pour qu'il y ait cession, il faut que le consentement des parties porte sur une créance.

Il ne faut pas confondre la nullité de la cession avec l'inexistence de ce contrat. Lorsque la cession est affectée d'une nullité, tant que l'annulation n'en a pas été prononcée, elle produit tous les effets ordinaires. Lors, au contraire, que la cession est inexistante, comme dans l'hypothèse dont nous nous occupons, il n'y a aucun lien de droit entre les parties.

Nous avons vu *supra* dans quels cas une cession était nulle, soit à cause de l'incapacité des parties de faire ou d'accepter un transport, soit parce que la cession porte sur une créance qui ne peut faire l'objet d'une cession.

Sans créance, pas de cession. Cette proposition, qui semble assez simple au premier abord, soulève néanmoins de très-graves difficultés. Je ferai remarquer, d'ailleurs, que les auteurs qui ont écrit sur cette matière, ont laissé la question sans développements. Ils n'ont parlé de l'effet de l'inexistence de la créance que lorsqu'ils ont traité de la garantie.

Il est d'abord évident que si les contractants n'avaient pas parlé de créance du tout, ou si, au lieu d'une créance, ils avaient vendu tout autre objet corporel ou incorporel, il n'y aurait pas de cession de créances.

Si le cédant avait vendu une créance sur un tiers, tandis qu'en réalité, il n'avait absolument rien à prétendre vis-à-vis de celui-ci, je dis que dans cette hypothèse, il n'y a pas de cession. Et en effet, le consentement des parties a porté sur le néant; car aucun *vinculum juris* ne liant le prétendu débiteur cédé au prétendu cédant, celui-ci a transporté ce qui n'existait pas. Aussi considérons-nous comme inexistante, la cession d'un droit de créance dont le cédant n'est pas titulaire, ou la cession d'un droit éteint par paiement, confusion, remise de dette ou compensation. En développant ces idées, hâtons-nous de dire qu'elles n'ont pas été suivies par les rédacteurs du Code, qui ont regardé une telle cession comme valable, et donnant lieu à une action en garantie [1]. Le système des rédacteurs du Code découle naturellement de la confusion qu'ils ont faite entre l'obligation elle-même, le *vinculum juris,* et l'objet sur lequel porte cette obligation.

D'après les rédacteurs du Code pour qu'un transport existe, il suffit et il est nécessaire que le consentement des parties ait porté sur une créance, peu importe que cette créance soit ou non éteinte, que le cédant en soit ou non titulaire.

Nous croyons au contraire qu'il y a transport toutes les fois qu'une personne a vendu une créance civile ou naturelle existant à son profit au temps

[1] Il faut avouer que, lorsqu'une personne a vendu une créance inexistante, le consentement des parties a porté sur un mot, « le mot *créance*, » et non sur un objet, « la créance même. » Les rédacteurs du Code n'ont fait d'ailleurs fait que se conformer à notre ancien droit, qui, en décidant que la cession d'une créance inexistante donnait lieu à une action en garantie, admettaient virtuellement l'existence d'une telle cession.

de la cession. Et si le cédant avait vendu une créance éteinte, ou dont il ne serait pas le titulaire, le cessionnaire n'aurait pas contre lui une action en garantie, qui suppose nécessairement l'existence d'une convention, mais une *condictio sine causa* en répétition du prix payé, et une action en dommages-intérêts fondée sur l'article 1382 du Code Nap.

Nous considérons donc comme existante non-seulement la cession portant sur une créance qui n'est affectée d'aucun vice de nullité ou de rescision, exigible et non prescrite, mais encore celle qui a pour objet un droit prescrit, annulable ou rescindable.

CHAPITRE VIII.

DE LA RÈGLE ÉDICTÉE PAR L'ART. 1690 DU CODE NAPOLÉON,

d'après laquelle le cessionnaire n'est saisi à l'égard des tiers que par la signification du transport faite au débiteur, ou par l'acceptation du transport faite par le débiteur dans un acte authentique.

SECTION I.

Notions générales.

Origine et utilité de cette règle.

En traitant de la vente des créances, d'après le droit romain, nous avons vu que dans cette législation la cession valait quasi-tradition ; que le *procurator in rem suam* pouvait poursuivre le débiteur, à partir du moment où il avait reçu le mandat d'exercer les droits et actions du créancier. La *litis denuntiatio* et le paiement partiel étaient des moyens de rendre le mandat irrévocable et d'empêcher le débiteur de payer entre les mains du cédant.

Dans notre droit français ancien, la signification du transport jouait un tout autre rôle que la *litis denuntiatio* chez les Romains. Tandis qu'à Rome la cession était parfaite, indépendamment de la *litis denuntiatio;* que le cessionnaire pouvait actionner le débiteur dès la conclusion de la vente, dans notre ancienne jurisprudence, la signification était nécessaire pour rendre le transport parfait, non-seulement vis-à-vis des tiers, mais même entre les parties. Tel était le sens de l'article 108 de la Coutume de Paris dont nous avons présenté le commentaire au Livre III de notre travail.

Les rédacteurs du Code Napoléon, tout en admettant le principe de l'article 108 de la Coutume de Paris, ont fait une distinction. D'après la législation en vigueur aujourd'hui, la cession est parfaite, entre les parties, par le seul consentement, et c'est pour saisir le cessionnaire vis-à-vis des tiers que l'article 1690 veut que le transport soit signifié au débiteur cédé ou accepté par ce dernier dans un acte authentique.

L'origine de l'article 1690 se trouve donc, non comme on l'a souvent prétendu, dans le droit romain, mais dans notre ancien droit.

L'utilité de la règle édictée par l'article 1690, quoi qu'en ait dit M. Duranton, tome 16, etc., est incontestable. Par l'accomplissement des formalités de l'article 1690, les tiers pourront s'assurer de l'existence réelle de la cession; le cédant sera dans l'impossibilité de frustrer son cessionnaire, et le débiteur ne se verra pas obligé de payer une seconde fois.[1]

Pour que le cessionnaire soit saisi à l'égard des tiers, il n'est pas nécessaire qu'à la formalité de l'article 1690 soit venue se joindre la délivrance dont parle l'article 1689. Il importerait également fort peu que la délivrance eût été faite à un second cessionnaire. L'article 1141, en effet, comme l'article 2279, ne concerne que les meubles corporels, et non les meubles incorporels.

Si plusieurs cessions avaient été, le même jour, l'objet des formalités de l'article 1690, et que l'heure à laquelle ces formalités ont été accomplies ait été indiquée, on saura lequel des deux cessionnaires doit avoir la préférence sur l'autre. Lors, au contraire, que l'heure n'a pas été indiquée, tous les cessionnaires, étant *in pari causa*, doivent être mis sur la même ligne. On ne saurait argumenter, contre la distinction que nous venons de faire, de l'article 2147 du Code Napoléon, qui contient une disposition exceptionnelle.

[1] Le système du droit germanique, d'après lequel la convention des parties suffisait pour investir le cessionnaire du droit de créance, même à l'égard des tiers, présentait de très-graves inconvénients, et forçait la jurisprudence de décider (ce qui, en vérité, était une contradiction, sinon un non-sens) que le débiteur qui avait payé le créancier, parce qu'il avait ignoré la cession, était libéré.

SECTION II.

De la signification exigée par l'article 1690.

La signification du transport se fait par exploit d'huissier. Il n'est pas nécessaire que l'acte de notification contienne une copie littérale de l'*instrumentum* constatant le contrat de cession ; la relation de la substance du transport suffit. Dans notre droit français ancien, il fallait pour la validité du transport que l'huissier en baillât copie.

La signification de la cession se fait à personne, ou au domicile général du débiteur. Si celui-ci au lieu de résider en France, demeurait à l'étranger, c'est encore à personne ou à domicile que la signification devrait être faite. Et pour le décider, nous argumentons d'abord de l'esprit qui a présidé à la rédaction de l'article 1690, d'après lequel le cessionnaire ne peut être régulièrement saisi, que si le transport a été porté à la connaissance personelle du débiteur. En second lieu nous avons un argument *a pari* à tirer de l'article 560 du C. de proc. par lequel le législateur décide formellement que la saisie-arrêt interposée entre les mains de personnes non demeurant en France, doit être signifiée à personne ou a domicile. Or, le motif qui a déterminé le législateur à exiger dans l'article 560 une signification à personne ou à domicile, est le même que celui qui sert de fondement à la disposition de l'article 1690 (Voyez en ce sens : Troplong, vente 902. Duvergier, 2, 186).

Lorsque la créance cédée est due par plusieurs débiteurs solidaires, la signification faite à l'un d'eux, saisit le cessionnaire à l'égard de tous les autres. Toutefois nous ferons remarquer que les paiements faits de bonne foi par les autres débiteurs entre les mains du cédant ou d'un second cessionnaire, sont libératoires. Si, au lieu d'une dette solidaire, nous supposons une dette indivisible, la signification n'opérera saisine en faveur du cessionnaire, que lorsqu'elle est faite à tous les codébiteurs.

SECTION III.

De l'acceptation de la cession faite par le débiteur cédé dans un acte authentique.

Le cessionnaire est également saisi à l'égard des tiers, lorsque la cession a été acceptée par le débiteur dans un acte authentique. L'exigence de l'authenticité de l'acte d'acceptation du transport ne saurait concerner que les tiers autres que le débiteur, qui serait lié par une acceptation faite même par acte sous seing privé.

Lorsqu'une cession de créances a été acceptée par le débiteur cédé dans un acte sous seing privé, et que le cédant consent une nouvelle cession, qui est signifiée au débiteur, celui-ci sera évidemment obligé de payer le second cessionnaire. L'acceptation de la première cession, en effet, n'a pas saisi le cessionnaire à l'égard des tiers. Le débiteur ne sera même pas, en principe du moins, obligé de faire un paiement au premier cessionnaire. Celui-ci est en faute; s'il avait signifié la cession, le débiteur eût été à l'abri de l'action d'un second cessionnaire. Mais, si le débiteur avait dispensé le premier cessionnaire de la signification du transport, soit expressément, soit tacitement, il serait tenu de le payer.

La formalité de l'acceptation ou de la signification de la cession, nécessaire pour opérer la saisine, ne peut être suppléée par la connaissance que le débiteur aurait eu du transport. Toutefois, ceux qui se sont rendus coupables d'un dol ou d'une faute grave, ne peuvent être admis à se prévaloir de l'inaccomplissement de l'une ou de l'autre de ces formalités[1].

SECTION IV.

De l'époque jusqu'à laquelle l'acceptation ou la signification du transport peut avoir lieu.

La signification ou l'acceptation du transport peut avoir lieu à toute époque, et même après le décès du cédant, que la succession de celui-ci ait été acceptée purement et simplement ou sous bénéfice d'inventaire. Il ne faut pas, en effet, confondre le cas prévu avec celui d'une donation. La notification de l'acceptation d'une donation ne peut avoir lieu après le décès du donateur, parce que cette notification est un des éléments essentiels à la formation du contrat de donation. Dans notre espèce

[1] Il résulte virtuellement de cette proposition que les créanciers saisissants du cédant ne peuvent jamais se voir opposer une cession non signifiée, ni acceptée, et dont ils ont eu connaissance directe. Et, en effet, ces personnes ne peuvent jamais, quand elles pratiquent une saisie-arrêt, être considérées comme ayant agi avec dol, ou comme ayant commis une faute grave : *jura vigilantibus succurrunt, non dormientibus.*

au contraire, rien de semblable. La cession est faite ; donc rien n'empêche que la signification ou l'acceptation ne puisse avoir lieu après la mort du cédant.

Notre règle générale souffre une exception notable en matière de faillite. Le failli, étant dessaisi par le jugement déclaratif de faillite, le cessionnaire ne peut plus à partir de ce jugement faire valoir ses droits au préjudice de la masse (argt. art. 446, C. Com.).

Une seconde restriction à notre règle se présente, lorsque les créanciers du cédant ont fait pratiquer une saisie-arrêt sur la créance cédée. Cette saisie-arrêt empêche que l'acceptation ou la signification de la cession ne puisse avoir lieu au préjudice des créanciers saisissants-arrêtants.

SECTION V.

Des résultats différents auxquels mènent la signification et l'acceptation de la cession.

Lorsque le débiteur a accepté la cession dans un acte authentique sans faire de réserves, cette acceptation pure et simple emporte de sa part renonciation à opposer la compensation et les diverses causes de nullité dont il aurait pu se prévaloir, vis-à-vis du cédant.

Le débiteur auquel une cession a été signifiée peut, au contraire, opposer au cessionnaire la compensation des créances nées antérieurement à la notification de la cession.

SECTION VI.

Du sens à donner à l'expression tiers, employée par la loi, dans l'article 1690.

Le mot tiers, employé par la loi dans l'article 1690, ne désigne point toutes les personnes qui, n'ayant point figuré dans la cession, pourraient avoir un intérêt quelconque à la méconnaître. Non ! Une telle solution aurait pour résultat d'étendre outre mesure la disposition de l'article 1690. Le législateur, en effet, n'a eu à cœur que de protéger les personnes dont les droits acquis de bonne foi depuis la cession se trouveraient compromis, si le contrat pouvait leur être opposé.

Parmi ces tiers se trouve d'abord le débiteur cédé, si, dans l'intervalle entre la cession et la signification, il avait payé de bonne foi le cédant, ou fait un pacte avec lui. Il faudrait encore considérer comme tiers un second cessionnaire qui, ayant acquis la créance dans le même intervalle, aurait fait signifier le transport, avant la signification ou l'acceptation de la première cession.

Au contraire, le tiers détenteur d'un immeuble hypothéqué qui poursuit la purge de son acquisition, ne peut opposer au cessionnaire d'une créance hypothécaire le défaut de signification ou d'acceptation de la cession, pour l'empêcher de surenchérir (voyez *infra*, Section VIII).

SECTION VII.

Modifications apportées, par la loi du 23 mars 1855 sur la transcription, à l'article 1690 du Code Napoléon.

Avant la loi du 23 mars 1855, les cessions anticipées de loyers ou fermages étaient, comme toutes autres cessions de créances, opposables aux tiers qui avaient acquis des droits sur l'immeuble loué ou affermé, après l'accomplissement des formalités de l'article 1690. Mais depuis la loi précitée, les cessions de plus de trois années de loyers ou fermages ne sont opposables aux tiers que lorsqu'elles ont été transcrites (art. 2, n° 5, et art. 3, L. 23, mars 1855).

Ainsi, aujourd'hui, les créanciers hypothécaires ne peuvent se voir opposer une cession de loyers ou de fermages non échus, consentie pour plus de trois ans, quoique la signification en ait été faite antérieurement à la naissance de leurs droits, si la cession n'a pas été transcrite. Si la cession a été transcrite avant l'inscription de l'hypothèque, elle est opposable aux créanciers hypothécaires, et l'acquéreur de l'immeuble, qui remplit les formalités de la purge, ne leur doit même pas les intérêts du prix à partir du jour des notifications, s'il a été dispensé de les payer par le contrat de vente. Les intérêts du prix sont, en effet, la représentation de la valeur des fruits de l'immeuble, et puisque dans l'hypothèse prévue, les créanciers hypothécaires n'ont pas droit aux fruits de l'immeuble, ils ne peuvent avoir non plus de prétention à élever sur le prix.

SECTION VIII.

Des conséquences de la règle édictée par l'article 1690.

Le paiement fait par le débiteur cédé au cédant avant la signification ou l'acceptation de la cession est libératoire. Mais des difficultés peuvent s'élever sur le point de savoir si le paiement a été fait avant ou après la signification ou l'acceptation de la cession. D'après quels principes faut-il résoudre ces difficultés? Est-il nécessaire que le débiteur produise des quittances authentiques ou sous seing privé ayant date certaine antérieurement à l'accomplissement des formalités édictées dans l'art. 1690? Nous ne le pensons pas. Nous croyons que le débiteur peut échapper aux poursuites du cessionnaire, en présentant des quittances sous seing privé n'ayant pas date certaine. C'est d'ailleurs au juge qu'il appartient d'apprécier la sincérité de telles quittances. On ne peut évidemment contraindre un débiteur qui s'acquitte, à prendre des précautions en prévision de la signification ultérieure d'un transport dont il ignore complétement l'existence.

Ce que l'article 1691 dit du paiement, il faut l'étendre à tout mode de libération acquise au cédé, avant la signification ou l'acceptation du transport.

En second lieu, tant qu'il n'y a pas eu acceptation ou signification de la cession, le cédant, resté créancier à l'égard des tiers, conserve le droit de faire tous les actes conservatoires de la créance, et d'exercer les diverses actions y relatives. Ces mêmes facultés nous les accordons également au cessionnaire (argument *a fortiori* tiré de l'art. 1180). Une question controversée est celle de savoir si le cessionnaire a le droit de surenchère, avant l'accomplissement des formalités de l'article 1690. Nous croyons que ce droit ne peut lui être sérieusement contesté. C'est en vain que le tiers acquéreur qui purge, lui objecterait que la cession, tant qu'elle n'est ni signifiée, ni acceptée, ne peut être opposée aux tiers. Cette objection ne serait pas fondée; car cet acquéreur n'est pas un tiers dans le sens de l'article 1690; il n'a pas à faire valoir un droit acquis relativement à la créance cédée. D'ailleurs, peu lui importe que le droit de surenchère soit exercé par le cédant ou par le cessionnaire.

Le cessionnaire, dont la cession n'a été ni signifiée, ni acceptée, a, de plus, le droit de former contre le débiteur les actions relatives à la créance cédée. Toutefois, par exception en matière de saisie immobilière, le cessionnaire, muni d'un titre exécutoire, ne peut poursuivre l'expropriation que lorsque la signification du transport a été faite au débiteur, ou que le transport a été accepté par celui-ci.

En troisième lieu, lorsqu'une créance a été cédée successivement à plusieurs personnes, la question de préférence se détermine d'après l'antériorité de la signification ou de l'acceptation de la cession.

En quatrième lieu, le cessionnaire actionné en paiement d'une créance par le débiteur cédé ne peut exciper de la compensation, qu'après l'accomplissement des formalités de l'article 1690.

En cinquième lieu, les créanciers du cédant qui ont pratiqué des saisies-arrêts sur la créance cédée, avant la signification du transport, ou l'acceptation qui en aurait été faite dans un acte authentique, sont payés, sans que la cession ne puisse leur être opposée (argt. tiré des art. 1690, 1298 et 1242 du Code Nap.).[1]

Je suppose une cession de créances. Avant la signification ou l'acceptation du transport, un créancier du cédant pratique une saisie-arrêt. Postérieurement à l'accomplissement de ces formalités, un autre créancier fait interposer une seconde saisie-arrêt. Je demande comment seront réglés les droits des créanciers saisissants et ceux du cessionnaire? Je suppose d'ailleurs que la première saisie-arrêt n'a encore été déclarée judiciairement valable, ni lorsque la signification de la cession est intervenue, ni lorsque le second créancier a frappé la créance cédée de saisie-arrêt. Cette question a donné naissance à douze systèmes. Tous, à l'exception du dernier venu, prennent pour base les quatre principes que voici :

1° La signification ou l'acceptation de la cession ne peut pas porter atteinte aux droits du premier créancier saisissant-arrêtant (argt. art. 1690).

2° La seconde saisie-arrêt étant faite après la signification ou l'acceptation de la cession ne doit pas nuire au cessionnaire.

[1] Nous n'admettons pas l'opinion qui permet au cessionnaire dont le transport a été signifié ou accepté postérieurement à une saisie-arrêt, de concourir au marc le franc avec les créanciers saisissants-arrêtants (voyez en ce sens M. Mugnier, en son cours).

3° La signification ou l'acceptation de la cession faite après une première saisie-arrêt vaut opposition à l'égard du premier créancier saisissant-arrêtant (Nous n'admettons pas ce troisième principe, qui est contraire à la règle de l'art. 1690).

4° Le premier créancier saisissant-arrêtant n'acquiert aucun droit de préférence sur les créanciers opposants postérieurs (art. 2093, du Code Nap., cbn. 579. Code proc.).

Or, pour tous ces sysètmes la difficulté gît dans la conciliation de ces quatre principes, dont nous n'admettons pas le troisième.

Nous nous abstiendrons d'exposer tous ces systèmes; nous n'en développerons que deux, celui de MM. Aubry et Rau (Aubry et Rau III, page 310, notes 28 et 29) qui prend pour point de départ les 4 principes précités, et celui qui est venu après tous les autres, et qui repousse le troisième et le quatrième principe.

A. *Système de MM. Aubry et Rau.* Dans ce système on fait concourir le premier créancier saisissant-arrêtant avec le cessionnaire. On ne donne d'ailleurs au second créancier saisissant-arrêtant aucun droit sur le dividende avenant au cessionnaire. Mais comme d'après l'article 579 du Code de procédure, le créancier, qui a pratiqué la première saisie-arrêt, est obligé d'admettre le nouveau saisissant au partage de son propre dividende, il peut réclamer au cessionnaire, créancier opposant à son égard, la différence entre la somme qu'il recevra par suite du partage, et celle qu'il aurait obtenue, si la totalité de la créance avait été répartie entre lui, le cessionnaire et le nouveau saisissant. Par exemple. Une créance de 3000 francs est cédée à Secundus. Cette créance est ensuite saisie-arrêtée par Primus, créancier du cédant pour 1500 francs. Après la saisie-arrêt Secundus fait signifier le transport. Puis Tertius, autre créancier du cédant pour 1500 francs, fait opérer une seconde saisie-arrêt. Dans cette hypothèse, MM. Aubry et Rau commencent par faire abstraction de la dernière saisie-arrêt, ils partagent d'abord la créance entre Primus et Secundus, au prorata des droits de chacun. Ensuite, comme Primus, premier créancier saisissant-arrêtant, n'a pas de droit de préférence vis-à-vis de Tertius, ils partagent au marc le franc entre Primus et Tertius les 1000 francs d'abord attribués à Primus (application de la quatrième règle). Mais Primus, premier saisissant, n'a pas tout ce qu'il doit avoir, car dans un partage, au marc le franc, entre Primus, Secundus et Tertius, il aurait obtenu un plus fort dividende, 750 francs au lieu de 500 francs. Primus éprouvera donc une perte de 250 francs que Secundus devra lui bonifier.

Ce système d'une utilité pratique incontestable se heurte deux fois contre l'article 1690. Il méconnaît une première fois cet article, en ce qu'il permet à Secundus de venir en contribution avec Primus. Il résulte, en effet, de l'article 1690 que lorsque la cession n'a été ni signifiée, ni acceptée, Secundus n'a vis-à-vis de Primus aucun droit sur la créance. Enfin ce système contrevient à l'article 1690, en permettant à Primus de demander un supplément à Secundus, ce qui fait que l'opposition de Tertius porte préjudice à Secundus, contrairement à l'article 1690.

B. Système qui, contrairement à tous les autres, rejette l'application de deux des quatre règles, dont nous avons parlé plus haut.

Dans ce système on donne au premier créancier saisissant-arrêtant la préférence sur les cessionnaires, ainsi que sur le créancier qui a fait la seconde saisie-arrêt. Voici maintenant comment raisonnent les partisans de cette théorie :

Dans l'ancien droit, dit-on, la signification ou l'acceptation de la cession ne valait point opposition. Il doit en être de même sous l'empire du Code Napoléon; car nulle part nous ne trouvons formulée la règle, que l'acceptation ou la signification du transport vaut opposition à l'égard du créancier qui a pratiqué une saisie-arrêt. Bien plus, il résulte formellement de l'article 1690 que le créancier, qui a saisi-arrêté une créance avant la signification ou l'acceptation du transport, doit obtenir la préférence sur le cessionnaire. Cela étant, si nous supposons une créance de 3000 fr. cédée à Secundus, saisie-arrêtée pour 1500 fr., par Primus, avant l'acceptation ou la signification de la cession, saisie-arrêtée par Tertius, après l'accomplissement de l'une ou de l'autre de ces formalités, Secundus et Primus auront chacun 1500 francs. Quant à Tertius, il n'obtiendra absolument rien; car sa saisie est trop tardive.

A ce système nous ne ferons qu'une seule objection, qui est très-grave, c'est qu'il viole l'article 579 du Code de procédure, duquel il résulte que

Primus ne doit jouir d'aucun droit de préférence vis-à-vis de Tertius ; mais qu'il doit concourir avec lui au marc le franc.

A quel résultat arrivons-nous en définitive ? Quel est le système qui nous semble devoir prévaloir ? Ce qui nous paraît certain, c'est que la saisie-arrêt de Primus enlève 1500 francs au cessionnaire Secundus. D'autre part, il est incontestable que Tertius doit concourir avec Primus sur les 1500 fr. qui lui sont attribués (art. 579, Code proc.). Mais voici l'immense difficulté : Primus, à qui Tertius enlève 750 fr., aura-t-il un recours contre le cessionnaire ? Si vous répondez oui, vous violez l'article 1690. Si vous répondez non, vous violez encore le même article ; car si la cession n'avait pas eu lieu, Primus aurait été payé intégralement de sa créance.

En résumé, nous croyons qu'en théorie la question est insoluble, et que, pour arriver à un résultat pratique convenable, il faut adopter l'opinion et le mode de répartition de MM. Aubry et Rau.

SECTION IX.

Des cas dans lesquels l'article 1690 ne reçoit pas application.

La disposition de l'article 1690 ne s'applique pas au transport des effets négociables, tels que lettres de change, billets à ordre (C. com., 136 et 187). Il en est de même des actions au porteur (art. 35, C. com.) et des actions de la Banque de France (décret, 16 janvier 1808).

L'article 1690 est également étranger au transport des rentes sur l'État, dont la transmission s'opère par un transfert sur les registres de la trésorerie, et à la cession d'actions dans les sociétés de commerce, si la cession s'opère par un transfert sur les registres de la société (art. 36, C. com.).

Mais l'article précité s'applique aux créances commerciales comme aux créances civiles; la loi, en effet, n'a fait aucune exception à leur égard.

CHAPITRE IX.

DES EFFETS DE LA CESSION.

La cession produit deux effets principaux : 1° elle transmet la créance avec tous ses accessoires dans le patrimoine du cessionnaire, qui devient créancier aux lieu et place du cédant; 2° elle met des obligations réciproques à la charge du cédant et du cessionnaire.

Pour l'examen détaillé de ces effets, nous diviserons nos explications en quatre sections. Dans une première section, nous parlerons de la transmission de la créance dans le patrimoine du cessionnaire qui peut faire valoir le droit cédé avec tous ses accessoires; dans une seconde section, nous traiterons des obligations du cédant; dans une troisième, de celles du cessionnaire. Enfin dans une quatrième et dernière section nous parlerons du retrait de droits litigieux.

SECTION I.

La cession investit le cessionnaire de tous les droits qui appartenaient au cédant.

En déterminant *supra* le caractère de la cession, dans notre droit français moderne, nous avons démontré suffisamment que la cession est une vente, et qu'elle a pour effet de faire passer sur la tête du cessionnaire tous les droits, qui auparavant reposaient sur celle du cédant. Le cessionnaire est donc substitué au cédant; le premier est seul créancier, le second a cessé de l'être. Aussi l'article 1692, décide-t-il, «que la vente ou cession d'une créance comprend les accessoires de la créance, tels que caution, privilége ou hypothèque.»

Au nombre des accessoires dont parle l'article 1692, il faut ranger les avantages, que peut donner pour la poursuite de la créance, la forme exécutoire de l'acte qui la constate, et l'action en résolution pour défaut de paiement du prix.

Le cessionnaire est-il admis à former les actions rescindantes et rescisoires que le cédant aurait pu intenter? Il est évident que, si la cession avait été faite en termes généraux, comme comprenant tous les droits et actions qui compètent au cédant, la question ne souffrirait aucune difficulté, et nous répondrions sans hésitation, oui, le cessionnaire peut intenter les actions rescindantes et rescisoires. Mais telle n'est pas l'hypothèse que nous prévoyons. Nous supposons une simple cession de créance, et nous demandons si le cessionnaire peut exercer les actions rescindantes et rescisoires qui pourraient appartenir au cédant ? La question est vivement controversée. Parmi nos jurisconsultes les plus recommandables les uns décident que les actions sus-mentionnées passent au cessionnaire comme la créance même (voyez Troplong II, 916; Duvergier, II, 222). Les autres admettent une opinion diamétralement opposée, et refusent au cessionnaire le bénéfice de ces actions ; car, disent-ils, ce ne sont pas là des accessoires du droit cédé. D'ailleurs, ce serait méconnaître l'intention des parties que de faire profiter le cessionnaire de droits qu'on n'a pu vouloir lui transmettre (voyez en ce sans Aubry et Rau, III, page 314, note 37).

Quant à nous, nous croyons que les rédacteurs du Code en faisant produire à la cession l'effet de mettre le cessionnaire aux lieu et place du cédant, de l'investir du titre même de la créance, ont mis la doctrine dans une impasse. D'une part, en effet, on ne peut, sans méconnaître l'intention des contractants, accorder au cessionnaire les actions en nullité et en rescision. D'autre part, si le cessionnaire est investi des droits mêmes du cédant, on ne peut, sans violer le principe que l'on admet, lui refuser les sus-dites actions (voyez *supra*, livre IV, chap. I, *in fine*.)

Le cessionnaire étant titulaire de la créance transportée, a droit à tous les fruits, intérêts et arrérager échus et à échoir. Toutefois les créanciers du cédant pourraient faire saisir, à leur profit, tous ceux qui seraient échus avant la signification et l'acceptation du transport.

Le cessionnaire est mis aux lieu et place du cédant relativement à la créance cédée ; d'où il résulte que, si la créance passe au cessionnaire avec tous ses avantages, celui-ci est passible à son tour de toutes les exceptions personnelles ou réelles que le débiteur aurait pu opposer au cédant. Toutefois, l'acceptation de la cession faite par le débiteur peut être considérée, suivant les circonstances, comme une renonciation au droit de faire valoir ces exceptions, ou comme novation de l'obligation primitive. Il en est ainsi notamment, lorsque le débiteur a accepté purement et simplement la cession d'une créance éteinte par compensation (art. 1295 du C. Nap.). Lorsqu'après la signification du transport le débiteur présente des quittances constatant le paiement de la créance fait avant l'accomplissement des formalités de l'article 1690, si ces quittances sont authentiques ou ont date certaine, il n'y a pas de difficulté, le débiteur est libéré. Mais *quid juris* si la quittance est sous seing privé sans date certaine ? Cette quittance peut-elle être opposée au cessionnaire ? Voyez sur ce point ce que nous disons à la section VIII de notre chapitre VIII. Voyez également Duranton, 16, 504 ; Troplong, II, 920 ; Aubry et Rau, § 756, page 402, colonne 2, et § 359, page 315, colonne 3.

Pour résumer tout ce que nous venons d'exposer dans cette section, nous dirons que le cessionnaire n'a ni plus ni moins de droits que le cédant, et qu'il peut faire valoir la créance comme aurait pu le faire ce dernier.

Si la position du cessionnaire doit être la même que celle du cédant, quant à toutes les qualités inhérentes à la créance, il n'en est pas de même en ce qui concerne les qualités favorables ou défavorables inhérentes à la personne du cédant; le cessionnaire ne peut ni s'en prévaloir, ni se les voir opposer. Ainsi, si le cédant est un mineur et le cessionnaire un majeur, la prescription, qui était suspendue au profit du cédant, reprendra immédiatement son cours, au détriment du cessionnaire. Et réciproquement, si le cédant est un majeur et le cessionnaire un mineur, la prescription sera suspendue au profit du cessionnaire, à partir de la cession.

La bonne foi du cessionnaire peut quelquefois faire attribuer à celui-ci, vis-à-vis du débiteur cédé, un droit que n'avait pas le cédant. Si nous supposons, par exemple, que l'*instrumentum*, qui constate la créance, simule un prêt, tandis qu'en réalité il s'agit d'une dette de jeu, la bonne foi du cessionnaire empêchera le débiteur de prouver la cause de l'obligation. Et en effet, le débiteur cédé qui a fait une simulation est en faute, et cette faute ne peut préjudicier au cessionnaire (argument, art. 1383, Code Nap.).

Il faut bien se garder de confondre les qualités inhérentes à la créance avec celles inhérentes à la personne, puisque, selon qu'il s'agit de l'une ou de l'autre de ces deux qualités, le cessionnaire peut ou non s'en prévaloir. Or, il y a des hypothèses où la distinction exigée est assez difficile. Nous allons en examiner deux.

PREMIÈRE HYPOTHÈSE

La loi a attaché à la créance du mineur contre son tuteur, pour le reliquat du compte de tutelle, des sûretés particulières et exceptionnelles. Ainsi, l'article 2121 confère au mineur une hypothèque légale; l'article 2135 déclare cette hypothèque dispensée d'inscription. Eh bien, nous demandons si le cessionnaire de la créance du pupille contre son tuteur jouira de l'hypothèque légale comme le pupille lui-même ?

On peut dire, dans le sens de la négative, que la loi ayant accordé des prérogatives au mineur à raison de sa qualité, il n'y a aucun motif pour faire jouir le cessionnaire de ces prérogatives, si le mineur cède ses droits.

Cette argumentation n'est cependant pas fondée. Nous croyons que si un mineur, devenu majeur, cède l'*actio tutelæ,* le cessionnaire aura, comme le cédant, le droit de faire valoir l'hypothèque légale de l'article 2121. Et en effet, l'hypothèque légale n'est pas un avantage attaché à la personne même du mineur; car toute créance du mineur contre le tuteur n'est pas garantie par l'hypothèque légale; l'*actio tutelæ* seule jouit de cet avantage. D'où il suit qu'il s'agit là d'une prérogative autant attachée à la créance qu'à la personne.

DEUXIÈME HYPOTHÈSE.

(Code de proc., art. 60.)

Les demandes formées pour frais par un officier ministériel doivent être portées devant le tribunal où les frais ont été faits. Si la créance a été cédée, la demande en paiement est-elle soumise à la même règle de compétence? Nous croyons que, malgré la cession, le tribunal compétent est celui devant lequel les frais ont été faits. Il s'agit là encore d'une qualité attachée à la créance, et non à la personne de l'officier ministériel, puisque ce n'est que pour frais que celui-ci peut et doit assigner devant le susdit tribunal. D'ailleurs, ce serait méconnaître les motifs qui ont limité cette compétence, que de ne pas appliquer l'article 60 du Code de procédure, lorsque l'officier ministériel a fait cession de son droit d'obligation. Si la loi, en effet, a d'une part voulu constituer un avantage à l'officier ministériel, elle a d'autre part eu à cœur de faire vérifier sa créance par les magistrats chargés de surveiller l'officier ministériel.

SECTION II.

Des obligations du cédant.

La cession étant un contrat par lequel une personne, appelée cédant, s'engage à transférer un droit de créance dans le patrimoine du cessionnaire, pour que celui-ci en jouisse aux lieu et place du cédant, met nécessairement diverses obligations à la charge de ce dernier.

S'obligeant à investir le cessionnaire du droit qui lui appartient, le cédant contracte par cela même et virtuellement l'engagement de mettre la créance avec ses accessoires à la disposition de l'acheteur, et de donner à celui-ci tous les moyens de la faire valoir. De là l'obligation de délivrance, et l'obligation négative de s'abstenir de tout fait personnel de nature à empêcher le cessionnaire de toucher le montant de la créance. Nous consacrerons un paragraphe spécial à l'étude de ces deux espèces d'obligations.

La délivrance opérée, le vendeur d'une créance n'a pas encore satisfait à toutes les obligations qui découlent naturellement du contrat qu'il a formé. Par la cession, il s'est engagé à mettre l'acheteur à ses lieu et place, relativement à l'investiture de la créance transportée, et par suite il est soumis à une obligation de garantie, pour le cas d'éviction. C'est dans un second paragraphe que nous traiterons de la garantie.

§ I. *De la délivrance.*

La délivrance a pour but de mettre le cessionnaire à même d'exercer le droit qui lui a été transporté. Cette délivrance s'accomplit, soit au moyen de la remise des actes qui constatent l'existence du droit cédé, soit même, suivant les cas, par le seul consentement donné par le cédant au cessionnaire, d'exercer le droit.

Par l'obligation de délivrance, la transmission de la créance dans le patrimoine du cessionnaire, qui s'opère entre les parties par le seul consentement, et à l'égard des tiers, par l'accomplissement des formalités de l'article 1690, se trouve sanctionnée.

Toutefois cette sanction serait très-imparfaite, si le cédant pouvait, par des faits personnels, empêcher le cessionnaire de toucher le montant de la créance. Aussi le cédant est-il non-seulement soumis à l'obligation de fournir à son cessionnaire tous les moyens de toucher la dette, mais il est encore responsable de ses propres faits, qui entraveraient le paiement de la créance. Ainsi le cédant, qui produirait dans un ordre ouvert sur le débiteur, verrait sa collocation rejetée, malgré le rang utile de son inscription, si, par le fait même de cette collocation, les fonds devaient manquer sur le débiteur.

§ II. *De la Garantie.*

Le mot «Garantie» exprime l'idée d'une protection donnée à quelqu'un contre un danger qui le menace, danger que l'on écartera, ou dont on dédommagera la victime, s'il n'a pu être conjuré.

Le vendeur d'une créance doit garantie pour le droit qu'il a cédé; mais la garantie n'est pas due pour l'avantage que ce droit est destiné à procurer; c'est ce qui résulte formellement des articles 1693 et 1694 du Code Napoléon : «Celui qui vend une créance ou autre droit incorporel, porte l'article 1693, doit en garantir l'existence au temps du transport, quoiqu'il soit fait sans garantie.» L'article 1694 ajoute : «Il ne répond de la solvabilité du débiteur, que lorsqu'il s'y est engagé.»

La décision de la loi qui décharge le vendeur d'une créance de l'obligation de garantir la solvabilité du débiteur se justifie par elle-même. A quoi le cédant s'est-il en effet engagé? A transmettre un droit dans le patrimoine du cessionnaire. Eh bien, du moment que cette transmission a eu lieu, il a satisfait à ses obligations. C'est au cessionnaire, s'il entend étendre la responsabilité de son cédant, à s'en expliquer formellement.

L'article 1694, qui déclare que le cédant n'est pas responsable de la solvabilité du débiteur, subit une exception notable dans le cas où, au lieu de la vente d'une créance, il s'agit d'une *datio in solutum*. Dans cette hypothèse, en effet, le cédant répond de la solvabilité actuelle du débiteur (art. 1276 et argt. de cet art.).

Le cédant est donc tenu de garantir l'existence de la créance au temps du transport. Cette garantie porte le nom de garantie de droit, parce qu'elle est établie par la loi elle-même, par opposition à la garantie de fait, résultant des stipulations des parties.

Il y a lieu à la garantie de droit, et pour le cas où la créance n'a jamais existé[1] au profit du cédant, et pour celui où elle était éteinte lors du transport, soit par paiement, soit par compensation, ainsi que pour l'hypothèse où le titre dont elle procède a été annulé ou rescindé.

L'obligation de garantie comprend trois éléments : 1° Le vendeur est obligé de défendre l'acheteur lorsque celui-ci est troublé dans la possession du droit cédé, par des tiers niant l'existence de la créance, ou prétendant qu'au temps du transport elle était éteinte, ou voulant faire tomber le droit d'obligation au moyen d'une action en nullité ou en rescision. Aussi en vertu de ce premier élément, le cessionnaire peut-il appeler son cédant en cause.

[1] Voyez *supra*, livre IV, chap. VII.

2° Le vendeur est obligé, dans le cas de succès de la prétention des tiers, d'indemniser l'acheteur du préjudice qu'il a éprouvé.

3° Le vendeur est obligé de s'abstenir de tout fait personnel de nature à troubler l'acheteur dans la paisible possession de la créance.

Si l'on considère l'obligation de garantie, dans son premier et son troisième élément, on trouve qu'elle est indivisible. En effet, le vendeur défendra ou ne défendra pas l'acheteur; il s'abstiendra de le troubler ou il ne s'abstiendra pas. Cela posé, il est facile de voir que le caractère de l'indivisibilité se rattache à ces deux éléments de garantie. Par exemple, Primus cède à Secundus une créance qui est annulable ou rescindable. Primus meurt laissant plusieurs héritiers, parmi lesquels se trouve Tertius, débiteur cédé. Si Tertius veut faire tomber le droit cédé par l'introduction de l'action en nullité ou en rescision qui lui compète, il sera repoussé pour le tout par l'exception *quem de evictione*, etc.

Quant au deuxième élément de l'obligation de garantie, il est divisible, comme ayant pour objet une prestation divisible, c'est-à-dire le paiement d'une somme d'argent.

PREMIÈRE PARTIE.

De la garantie de droit due à raison de l'éviction totale ou de l'éviction partielle de la créance cédée.

Lorsque les prétentions des tiers ont été reconnues fondées, et que l'acheteur se trouve, par un jugement, privé de tout ou partie de la créance cédée, on dit qu'il y a éviction[1], et alors le cédant est obligé d'indemniser le cessionnaire du préjudice que celui-ci a éprouvé.

L'éviction est-elle totale, le cessionnaire actionnant le cédant en garantie, obtiendra de celui-ci :

1° La restitution du prix de cession qu'il détient *sine causa ;*

2° Le paiement des intérêts;

3° Les frais et loyaux coûts du contrat;

4° Une indemnité pour le préjudice causé par le transport où à l'occasion du transport.

Mais le cessionnaire n'a pas le droit de demander à son garant la différence entre la valeur nominale de la créance cédée et le prix de cession (argument d'analogie tiré de l'art. 1694, et argument tiré de l'art. 1630).

Le cessionnaire d'une créance annulable ou rescindable, mais non encore annulée ou rescindée, peut se prévaloir de l'article 1652 et suspendre le paiement du prix de cession. Mais il ne s'agit pas là d'un vice redhibitoire. Cela résulte, d'abord des termes de l'article 1641; en second lieu notre solution est conforme à l'esprit de la loi; car l'action en nullité ou en rescision peut n'être jamais formée contre la créance.

Lorsqu'au lieu d'une éviction totale, nous avons à faire à une éviction partielle, le cédant sera obligé de restituer au cessionnaire une partie proportionnelle du prix, et non pas la valeur de la portion

[1] Le mot «*éviction*» signifie, à proprement parler, «défaite judiciaire.»

évincée, estimée au temps de l'éviction. L'article 1637 qui statue pour le cas d'éviction partielle en matière de vente de choses corporelles, ne peut ici recevoir application, parce que le cessionnaire évincé de la totalité de la créance, ne peut demander que la restitution du prix de cession. Si la partie de la créance, dont le cessionnaire est évincé, est de telle importance relativement au tout, qu'il n'aurait point acheté sans la partie dont il a été évincé, il peut faire résilier le contrat (art. 1636).

DEUXIÈME PARTIE.

De la garantie de fait.

La garantie de droit peut être diminuée ou étendue par la convention des parties[1]; elle peut même être écartée complétement. C'est de ces modifications apportées à l'obligation de garantie que nous allons parler maintenant.

L'obligation de garantie est de la nature de la cession, et par conséquent existe indépendamment de toute convention. Le vendeur même de bonne foi y est soumis. Cette obligation peut être augmentée, diminuée, ou même complétement écartée par les parties. C'est une question d'intention que celle de savoir quels sont les effets qu'il faut attacher à ces conventions modificatives des règles de la loi.

Le Code nous trace certaines règles à cet effet,

[1] Lorsque l'obligation de garantie est étendue ou diminuée par les parties, on dit qu'il y a garantie de fait.

dans les articles 1628 et 1629 ; toutes sont relatives à la diminution ou à la cessation de l'obligation de garantie.

L'obligation de garantie peut cesser d'une manière absolue ou seulement relativement aux dommages-intérêts. Dans le premier cas, le vendeur n'est pas même obligé de restituer le prix lorsqu'il y a éviction.

Lorsque l'acheteur, lors de la cession, connaissait le danger d'éviction qui le menaçait, et qu'en même temps le cédant a stipulé une clause de non-garantie ;

Lorsque le cessionnaire a acheté à ses risques et périls ;

Lorsque l'éviction procède d'une faute imputable au cessionnaire ; dans ces trois cas la garantie cesse d'une manière absolue.

Elle cesse d'une manière relative dans les cas suivants :

1° Lorsque le cédant a stipulé la non-garantie. Dans ce cas le cessionnaire n'a droit qu'à la répétition du prix, sans pouvoir réclamer des dommages-intérêts. Toutefois cette clause de non-garantie n'empêche pas que le cédant ne soit soumis aux conséquences de ses faits personnels, et à la responsabilité de ces faits : toute clause qui tendrait à l'en affranchir serait nulle.

2° Si le cessionnaire connaissait, lors de la cession, le danger de l'éviction, en supposant que le cédant qui n'en avait pas connaissance, ait contracté par une clause formelle l'obligation de garantie. Le cédant restera soumis aux dommages-intérêts nonobstant la connaissance du danger de l'éviction acquise par l'acheteur, si le cédant lui-même, n'ignorant pas ce danger, avait par une clause formelle garanti l'éviction. Mais si le cédant qui a connu le danger de l'éviction, ne s'est pas soumis formellement à la garantie, le cessionnaire n'a pas droit à des dommages-intérêts. Dans ce cas, en effet, le vendeur est autorisé à dire, puisque vous connaissiez comme moi le danger de l'éviction, en ne stipulant point une clause formelle de garantie, vous avez voulu courir une chance.

Arrivons aux clauses qui ont pour but d'étendre la garantie.

Nous avons dit *supra* que de droit commun le cédant n'est garant que de l'existence de la créance; qu'il ne répond pas de la solvabilité même actuelle du débiteur. Or la garantie de fait soumet le cédant à la responsabilité de l'insolvabilité du débiteur. Lorsque la solvabilité soit actuelle, soit future du débiteur a été promise, le cédant n'est jamais tenu que dans la limite du prix de cession, c'est-à-dire, qu'il ne doit aucuns dommages-intérêts au cessionnaire (art. 1694 du Code Nap.).

Les clauses que l'on rencontre en général dans les actes de transport, sont les suivantes :

1° La clause pure et simple de garantie. On peut soutenir qu'une telle clause emporte la garantie de la solvabilité actuelle du débiteur; et pour le décider ainsi, on tirerait d'abord un argument de l'article 1157 qui dit, «que lorsqu'une clause est susceptible de deux sens, on doit plutôt l'entendre dans celui avec lequel elle peut avoir quelque effet, que dans le sens avec lequel elle n'en pourrait produire aucun.» Et on fortifierait ce premier argument par un autre tiré de l'article 1602, qui dit que toute clause ambiguë s'interprète contre le vendeur. Malgré la valeur de ces arguments, nous croyons qu'il faut admettre que, par cette clause, le cédant ne garantit que l'existence de la créance. Les art. 1157 et 1602, en effet, s'appliquent aux clauses du droit commun, et non aux clauses exorbitantes. La clause en question donne lieu à un doute sur le point de savoir ce qu'ont voulu faire les parties, et ce doute doit, en principe, d'après l'article 1162, se résoudre en faveur du cédant (voyez en ce sens Aubry et Rau, III, page 317, lettre *a*; M. Mugnier en son cours. En sens contraire : Troplong, II, 938; Duvergier, II, 272).[1]

2° La clause de garantie de fait, qui soumet le cédant à l'obligation de répondre de la solvabilité actuelle du débiteur.

3° La clause de garantie de tous troubles et empêchements qui produit le même effet que la précédente.

4° Enfin la clause de fournir et faire valoir, qui emporte la garantie de la solvabilité actuelle et de la solvabilité future du débiteur.

Le cessionnaire ne peut d'ailleurs actionner le cédant en vertu de ces clauses, qu'après avoir fait discuter les biens du débiteur, ceux des cautions,

[1] Loyseau, dans notre ancien droit, considérait la clause pure et simple de garantie comme emportant par elle-même, et toujours, obligation de répondre de la solvabilité actuelle du débiteur.

et les hypothèques constituées pour sûreté de la créance. Il en serait toutefois autrement, si le cédant avait pris l'engagement de payer lui-même sans poursuites contre le débiteur ou après un simple commandement. Dans cette hypothèse même le cédant serait tenu au paiement de l'intégralité de la créance, en cas d'insolvabilité du débiteur. (Voyez *De la cession*, d'après le droit français ancien, livre III, chapitre VIII, § II).

Lorsque le cessionnaire a laissé périr par sa négligence, soit la créance elle-même, soit les sûretés qui y étaient attachées, il perd tout droit à la garantie de la solvabilité actuelle ou future du débiteur (Voyez *supra*, Droit français ancien, livre III, chapitre VIII, § III, troisième partie.

Remarquons pour terminer, que lorsque le cédant a promis la garantie de la solvabilité du débiteur, cette clause ne s'entend que de la solvabilité actuelle, et ne s'étend pas, sauf stipulation contraire, à la solvabitité future (art. 1695).

TROISIÈME PARTIE.

De la garantie des accessoires de la créance.

Le cédant est également garant de l'existence des sûretés et des accessoires de la créance, lorsqu'ils ont été indiqués comme en dépendant et compris dans la cession (1639 cbn. art. 1147).

L'indemnité à laquelle le cessionnaire peut avoir droit à raison de cette éviction partielle, se détermine naturellement d'après l'article 1637. D'ailleurs si les sûretés dont l'acheteur est privé sont de telle importance qu'il y ait lieu de présumer qu'il n'eût

pas acheté, s'il n'avait pas compté sur leur existence, il peut demander la résiliation de la cession (art. 1638 et argt. de cet art.).

Le cédant n'est pas garant de l'efficacité des accessoires de la créance. Ainsi, si l'hypothèque ne produit rien, si la caution est insolvable, le cessionnaire ne peut pour cette cause exercer aucun recours contre le cédant.

SECTION III.

Des obligations du cessionnaire

Le cessionnaire est soumis aux obligations suivantes :

1° Il doit payer le prix de cession au jour et au lieu réglé par la convention.

2° Il doit les intérêts du prix dans les trois cas suivants, *a.* s'il en a été ainsi convenu lors de la vente ; *b.* si la créance cédée produit elle-même des intérêts ; *c.* si le cessionnaire a été sommé de payer (art. 1652 et exception à l'art. 1153).

L'inexécution ou l'exécution incomplète, de la part de l'acheteur d'une créance, de l'obligation d'en payer le prix, donne ouverture à l'action en résolution de la cession (Théorie générale de l'art. 1184). Si le prix de la cession consiste dans une rente viagère, le seul défaut de paiement des arrérages de la rente n'autorise l'action en résolution, que s'il y a, à cet effet, une convention formelle dans le contrat (art. 1978 du Code Nap.).

Lorsqu'une cession est faite pour un prix fixé en argent, et qu'ensuite ce prix est converti en une rente perpétuelle, l'action en résolution est ouverte au cédant, si la conversion a eu lieu dans un seul et même contrat, ou même postérieurement au contrat de cession, pourvu que les parties n'aient pas eu l'intention d'opérer une novation.

Lorsque le cédant a obtenu la résolution du contrat de cession, il est obligé de faire signifier le jugement au débiteur, pour pouvoir l'opposer aux tiers. Les droits acquis par ces derniers, avant la signification, restent intacts malgré la résolution du contrat (argt., art. 1690).

Pour compléter ce chapitre nous renvoyons aux principes généraux en matière de vente (Voyez art. 1650 et suivants).

SECTION IV.

Du retrait des créances litigieuses (art. 1699-1701, Code Nap.).

Le but de ce retrait est de mettre un frein à la cupidité des acheteurs, en permettant au débiteur de se libérer par le paiement fait au cessionnaire de ce que celui-ci a déboursé pour la cession.

Le retrait de droits litigieux, dont l'origine se trouve dans les lois romaines (Voyez Livre I, *in fine supra*), avait été admis dans notre ancien droit, même dans les pays de coutume.

Quel est le sens du mot «droit litigieux,» dans la matière qui nous occupe. Cette expression a ici un sens plus restreint que celui que nous avons cru devoir lui donner dans le commentaire de l'article 1597. Le droit litigieux est celui sur le fond duquel il y a à la fois et procès et contestation. Le droit ne serait donc pas litigieux, même s'il y avait certitude morale qu'il donnera lieu à un procès ; même si l'acte de cession portait le nom de cession de droits litigieux. Tant qu'il n'y a pas procès engagé,[1] l'article 1699 ne reçoit pas application (art. 1700).

Le procès doit d'ailleurs avoir trait au fond du droit, c'est-à-dire qu'il est nécessaire que les moyens opposés par le défendeur tendent à écarter l'action, à l'aide de laquelle le demandeur voulait faire consacrer le droit. Si le débat ne portait que sur la question de savoir s'il y a lieu ou non d'écarter temporairement l'action du demandeur, le droit ne serait pas litigieux.

Dès que les deux conditions que nous venons de développer coexistent, le droit est litigieux, sans que l'on ait à s'occuper de la valeur des moyens opposés par le défendeur, à moins toutefois qu'un jugement passé en force de chose jugée n'ait déjà statué sur la question.

La cession d'un droit de créance litigieux donne lieu au retrait. Voici maintenant quelles sont les conditions sous lesquelles ce retrait peut avoir lieu.

1° Le débiteur doit rembourser le prix réel de la cession.

2° Il doit rembourser les intérêts de ce prix à partir du jour du paiement fait par le cessionnaire entre les mains du cédant.

[1] Il ne suffirait pas qu'une tentative de conciliation eût été faite sans succès devant le juge de paix ; car les débats en conciliation ne sont pas une instance judiciaire.

3° Il doit payer les frais de l'acte de cession, les frais de signification, et les droits de mutation payés par le cessionnaire pour le prix réel de la cession.

4° Enfin, le cessionnaire a droit au remboursement de ses frais de poursuite faits antérieurement à la demande en retrait.

La demande en retrait est recevable, tant qu'il y a instance, et ainsi elle pourrait être formée en cassation pour la première fois (M. Mugnier, en son cours; *Req. rejet.*, 5 mai 1835. Sir. 35, 1, 627). Cette demande devrait être toutefois repoussée si elle était formée à un moment où il est certain que le cessionnaire va obtenir un jugement favorable contre le débiteur. Il y aurait, en effet, là une véritable fraude de la part du retrayant. De nombreux arrêts de cassation ont également décidé que le retrait litigieux ne peut être proposé dans des conclusions subsidiaires (Civ. Cass., 4 mars 1823. Sir. 23, 1, 204. Civ. Cass., 1er juin 1831. Sir. 31, 1, 245, *Req. rejet.*, 8 mars 1832. Sir. 32, 1, 445).

La faculté de retrait n'est plus ouverte lorsque l'instance est terminée. Il en serait toutefois autrement, si la cession avait été cachée frauduleusement pour empêcher le retrait.

La cession d'une créance litigieuse ne donne pas lieu au retrait dans les deux cas suivants :

1° Lorsque la cession est faite par un créancier au profit de son cocréancier.

2° Lorsque la cession est faite à un créancier en paiement de ce qui lui est dû (art. 1701 du Code Nap., et argument tiré de cet article).

Dans ces deux hypothèses, en effet, il est impossible de considérer le cessionnaire comme un spéculateur.

A ces deux cas exceptionnels, nous en ajouterons un troisième, sur lequel le législateur ne s'est pas expliqué, je veux parler de l'hypothèse où la cession de la créance litigieuse est l'accessoire d'un autre droit. Par exemple, je vous vends une hérédité dans laquelle il y a une créance sur laquelle il y a litige.

FIN.

PROPOSITIONS.

DROIT ROMAIN.

I. Sans possession préalable pas d'action publicienne possible.

II. L'action paulienne ne peut jamais être intentée contre le créancier qui a reçu le paiement d'une dette échue.

III. Dans les procès entre citoyens romains, le préteur accordait la *formula fictitia,* avant la *formula in factum,* pour sanctionner les droits de sa création.

IV. Dans le droit de Justinien, la cession de créances n'était qu'un mandat même dans les rapports du cédant et du cessionnaire.

DROIT CIVIL FRANÇAIS.

I. La cession de créances met le cessionnaire aux lieu et place du cédant.

II. La clause pure et simple de garantie n'emporte pas la garantie de la solvabilité du débiteur.

III. Sous le régime de la communauté légale le mari ne peut seul transporter les créances propres de la femme.

IV. En matière hypothécaire, le droit de préférence ne peut survivre en général au droit de suite.

DROIT CRIMINEL.

I. Les lois de répression ne rentrent ni dans le statut réel, ni dans le statut personnel.

II. Tout agent de change qui fait faillite est réputé banqueroutier frauduleux.

DROIT ADMINISTRATIF.

I. Un particulier ne peut point par l'exercice de l'action possessoire se faire maintenir en possession d'une partie du domaine public, contre l'État, le département ou une commune.

II. Un particulier peut invoquer l'imprescriptibilité du domaine public contre un autre particulier, lorsqu'il est l'ayant cause de l'État.

Vu.	*Vu.*
	Par le Président de l'acte public.
Par le soussigné Doyen.	Strasbourg, le 22 avril 1869.
C. AUBRY.	A. RAU.

Permis d'imprimer.

Strasbourg, le 24 avril 1869.

Le Recteur,

A CHÉRUEL.

INDEX TABULARUM.

DES ACTIONS FICTICES EN DROIT ROMAIN.

INTRODUCTION.

DE LA CESSION DE CRÉANCES

D'APRÈS LE DROIT ANCIEN ET D'APRÈS LE DROIT MODERNE.

Pag.